도바리

도바리

탁영호 만화

보리

일러두기

- '도바리'는 1980년대에 독재 정권의 수배를 피해 도망 다니면서 민주화 운동을 하던 대학생들을 일컫는 말이다.
- 참고한 책
  《죽음을 넘어 시대의 어둠을 넘어》 전남사회운동협의회, 황석영, 풀빛, 1985
  《한국 현대사 산책 1980년대편》 강준만, 인물과사상사, 2003
  《5.18민중항쟁》 김진경, 민주화운동기념사업회, 2004
- 인용 자료
  218쪽 '학살1' 《김남주 시전집》 김남주, 창비, 2014

차례

도바리 · 6
1980년 5월 광주 · 215
작가의 말 · 234

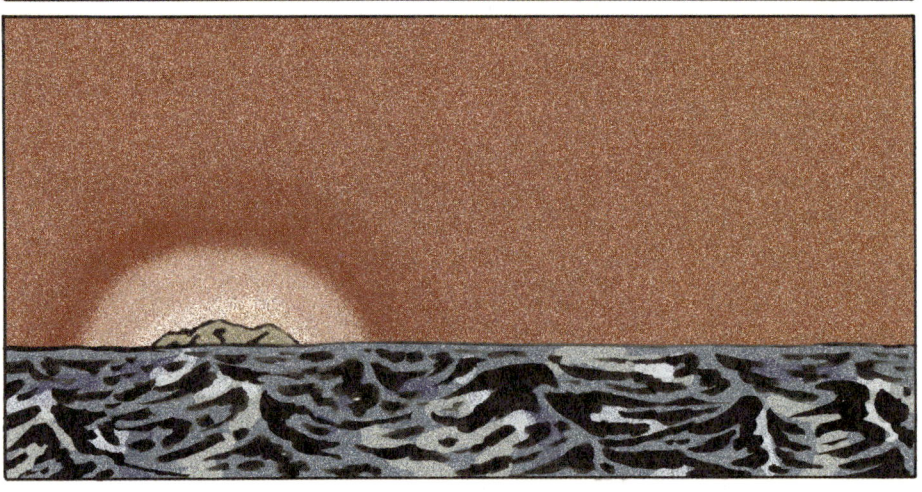

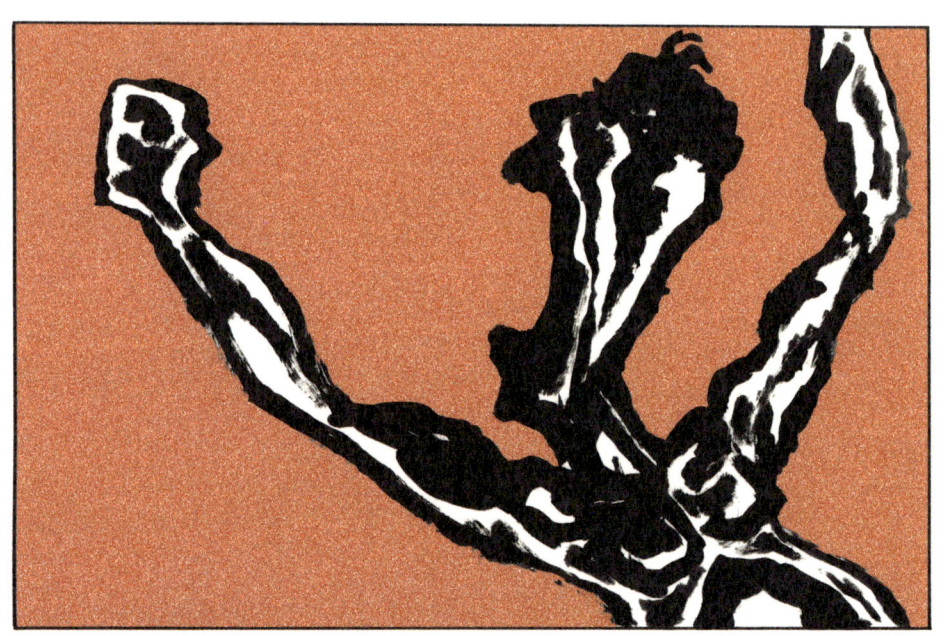

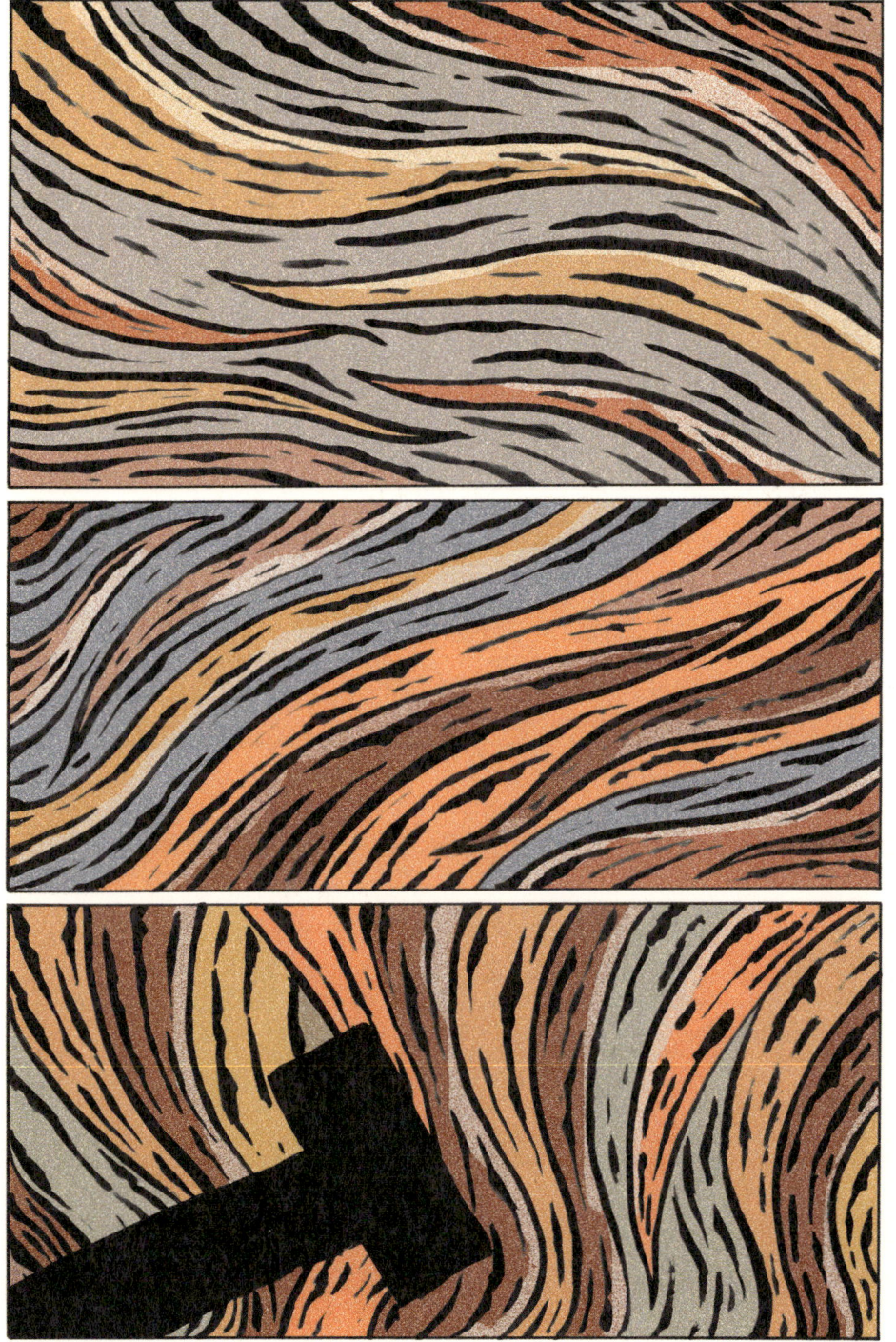

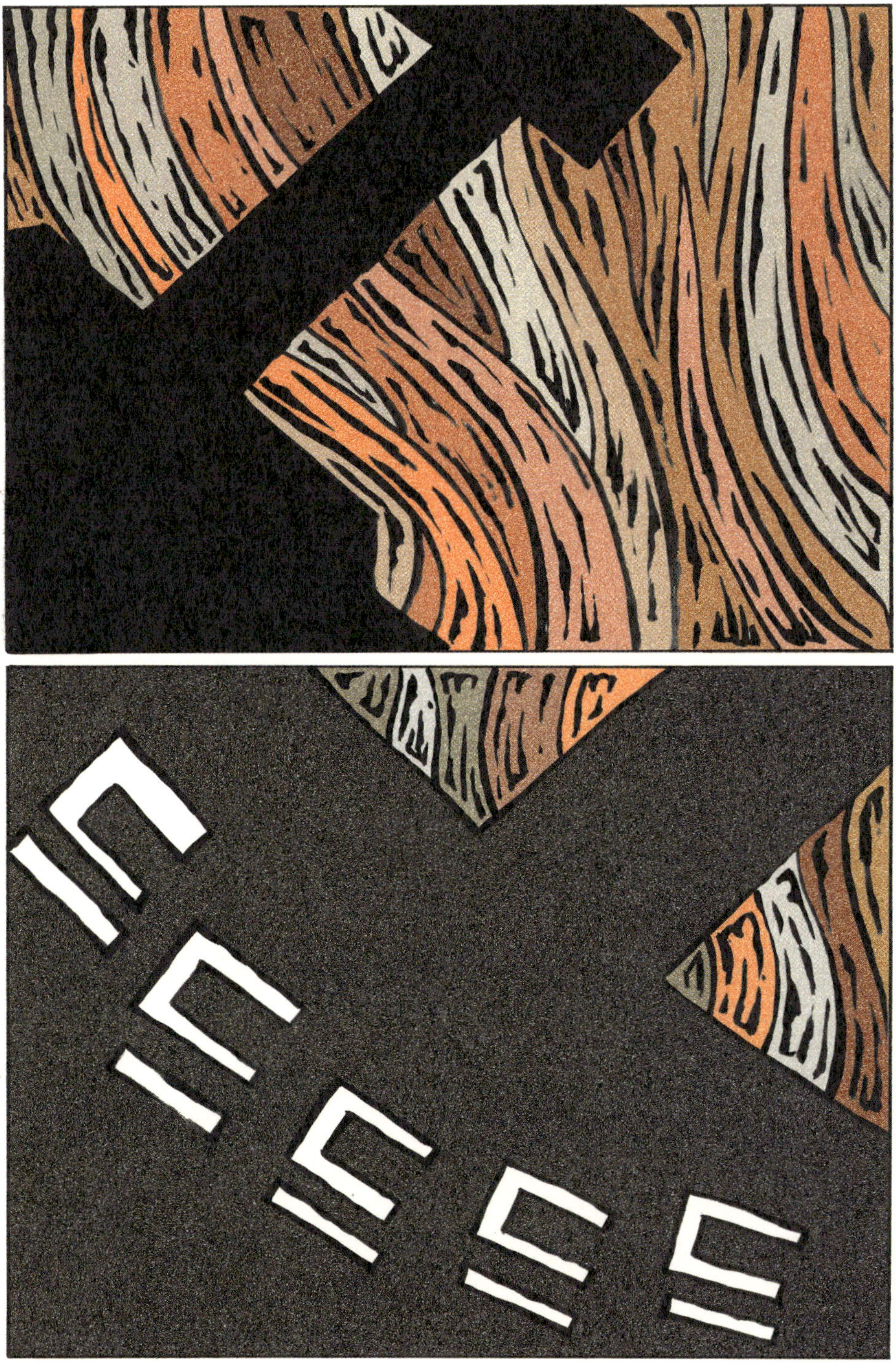

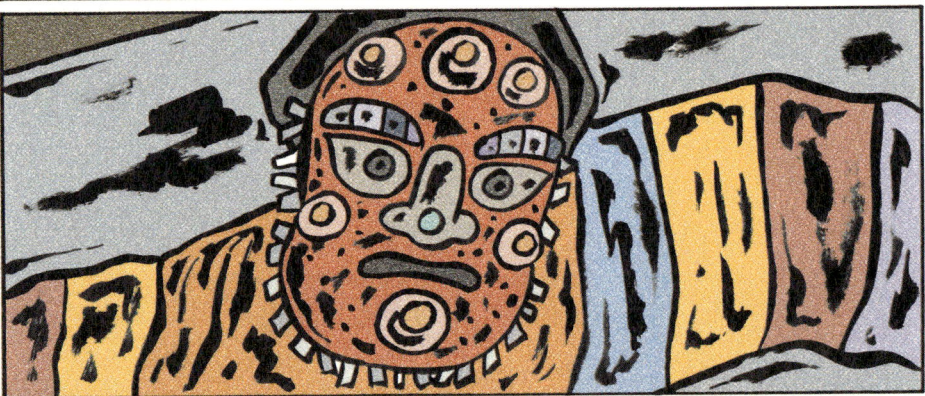

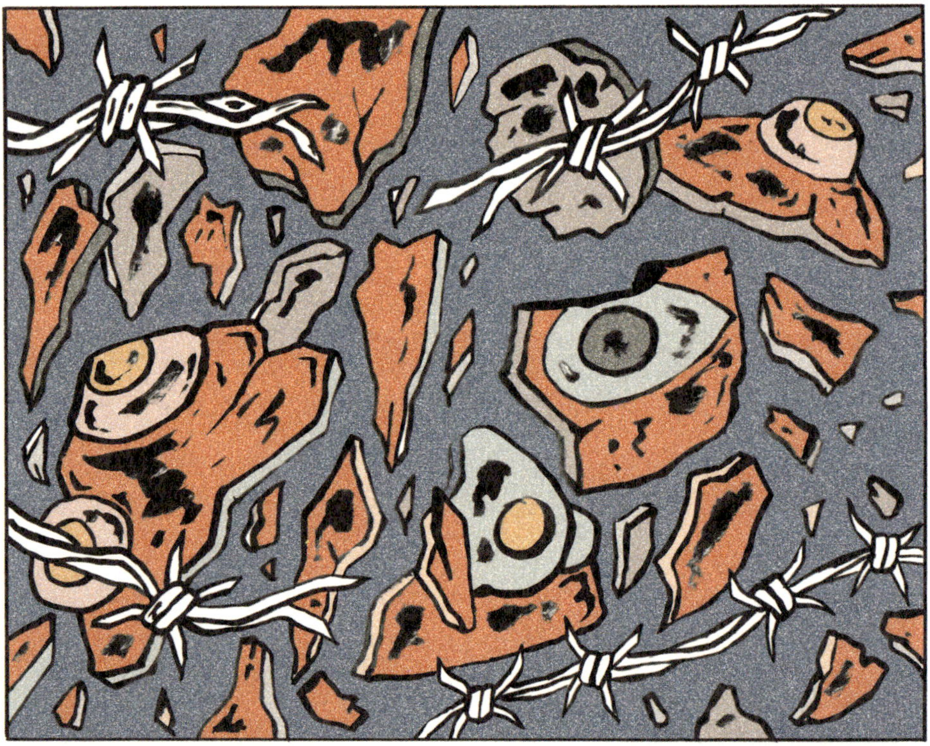

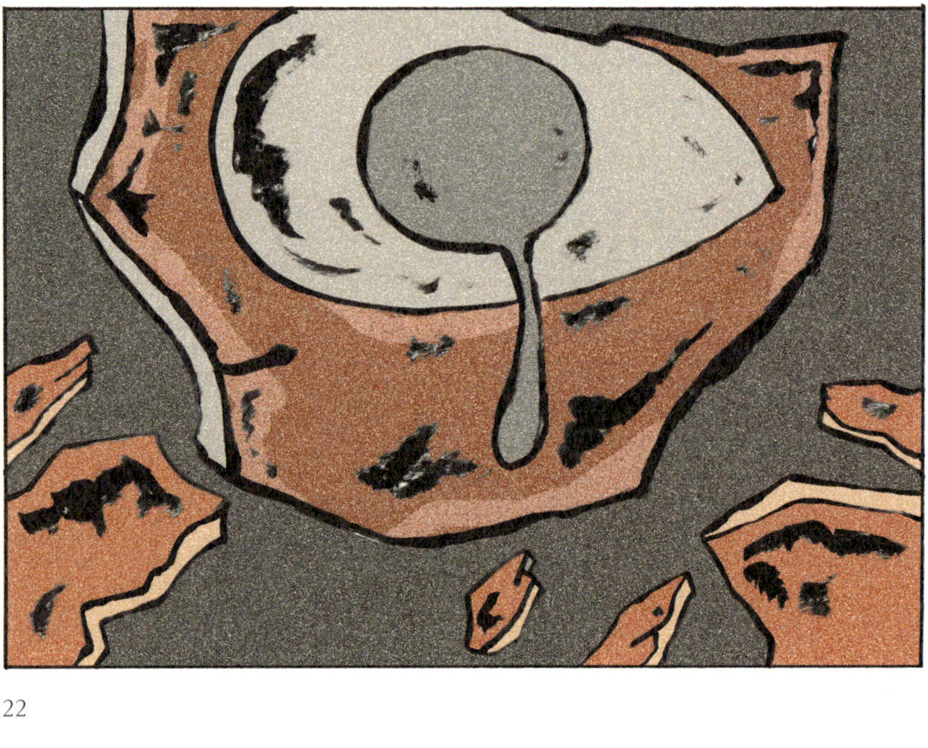

세상은 아무 일 없었다는 듯이 제자리로 돌아왔다. 하긴 사람들만 빼면 모든 것은 항상 그 자리에 있었다.

나도 그해에는 제자리를 지키지 못했다.

서해의 일몰은 바닷속으로 해가 잠기기 직전이 가장 환하다.

"여기야 글쓰기에는 완빵이쥬. 공기 좋고 조용하잖아."

"근데 니는 왜 아직까지 한글도 못 뗐냐?"

"동네 강아지들 좆 재고 있네."

해가 바닷속으로 완전히 잠겼다.

정희야, 난 잠시 숨어 지내야 할 것 같애. 어제도 경찰이 집으로 왔었나 봐.

몸조심해. 군인들 움직임도 심상치 않다던데……. 계엄령이 떨어질 수도 있대.

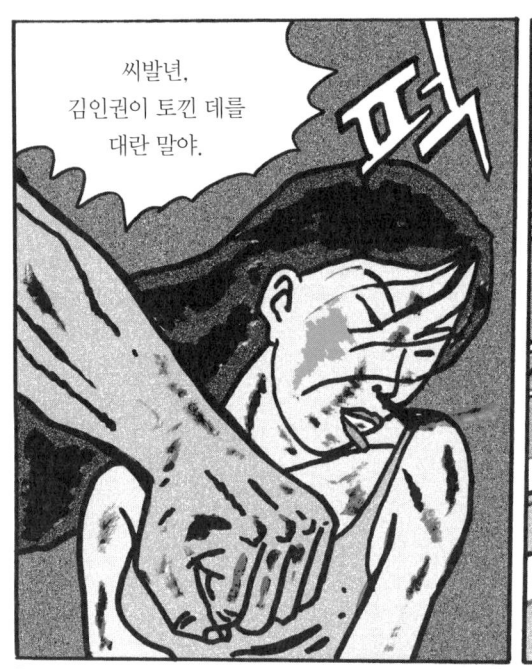

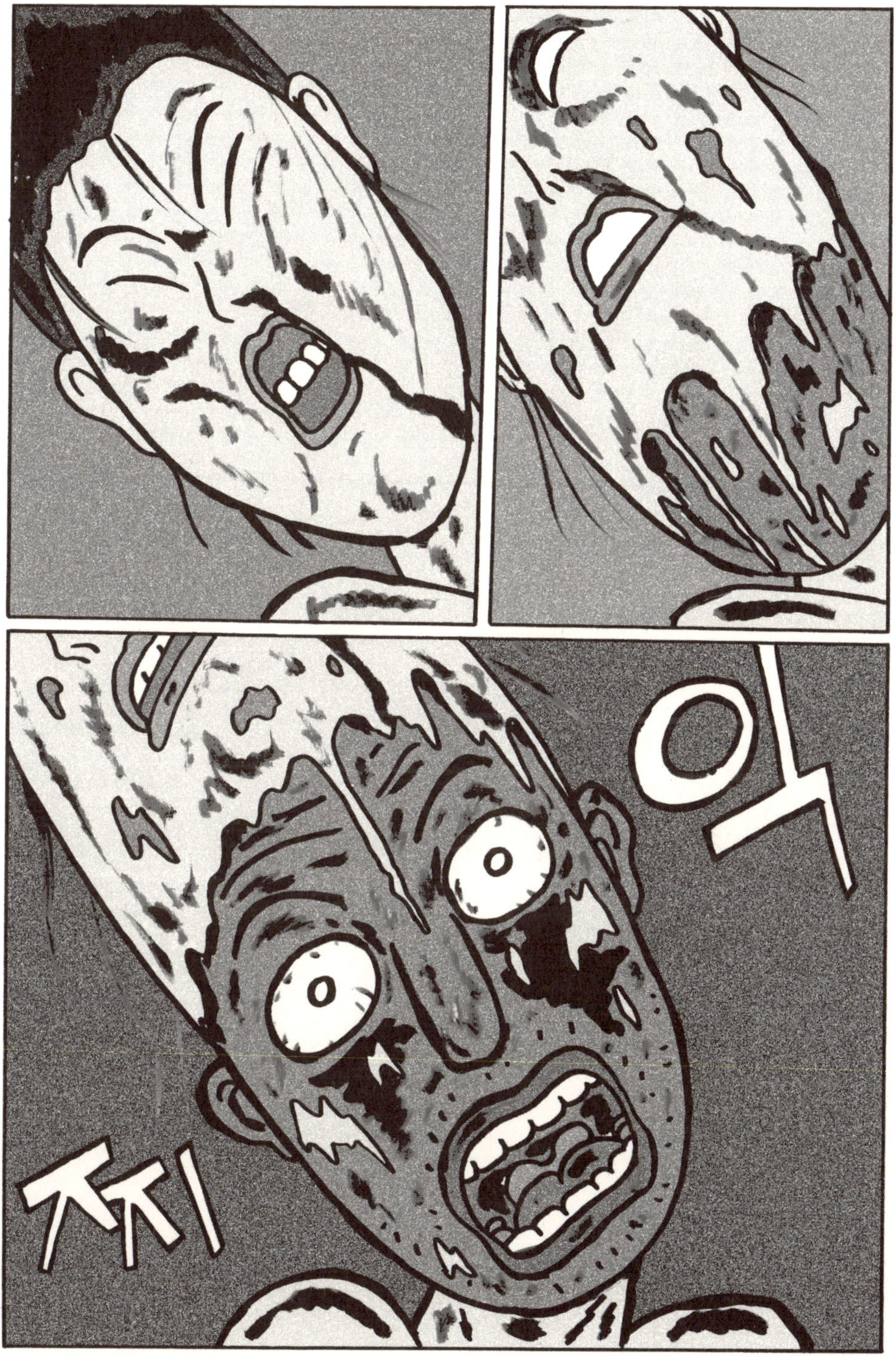

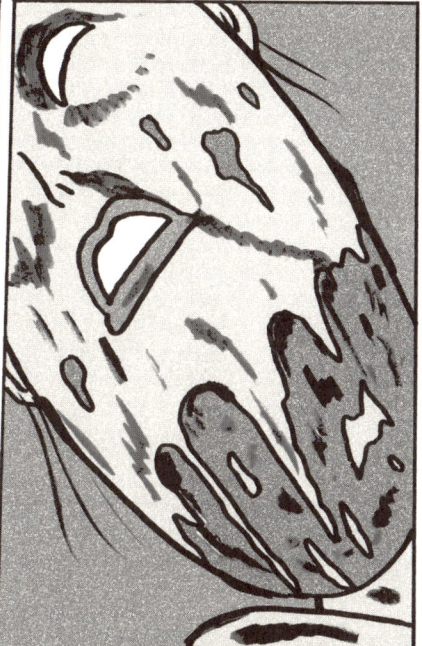

여기에 온 지도 한 달이 지났고 난 소설가 흉내를 내야 하는 까닭에 뜬금없이 추리소설을 써 댔는데 제법 그럴 듯하다.

시대의 어둠이 불필요하게 삼류 작가 하나를 키우는 것은 아닐런지……. 아무튼 많은 것에 익숙해졌다.

그리고

난 네 가지 사실을 알게 되었는데

하나는 깨순이라고 불리는 지적 장애 처녀의 은밀한 생존방식이고

두 번째는 마을 남자들 대부분이 깨순이와 관계를 맺고 있다는 사실이다.

그리고 세 번째는 이 사실을 마을 사람들 모두가 묵인하고 있다는 것이고

네 번째는 나 자신도 그들처럼 묵인에 동참하고 있었다.

난 신분이 드러날까 두려워 급하게 마을을 빠져나왔다.
어쩌면 그들은 나를 범인으로 몰 수도 있을 것이다.

내가 그 처녀를 강간했다는 착각이 들었다.
나는 어떤 물건으로 그 여자의 마음을 샀을까.
온몸의 털이 쭈빗 서며 알 수 없는 나락으로
빠져드는 느낌이다.

난 폭력의 주변에 있었고
폭력을 방관한 공범자다.

그 까닭만으로도 나는 가해자가 되기 충분하다.
하지만 나는 여러 핑계 거리를 생각하며 도망가고 있다.

어이,
소설가 선생!

다음 날 무작정 버스를 타고 그 마을을 떠났다.
남은 것은 숙취뿐이었다.

바다 건너편에 있는 화력발전소에서는 섬뜩한 괴물이 화염을 내뿜듯 노을로 붉게 물든 굴뚝 연기가 어둠 속으로 스멀거렸다.

파도를 가로막은 방조제는 수천 년 동안 잠겨 있던 바닷속 이야기를 드러내 주었다.

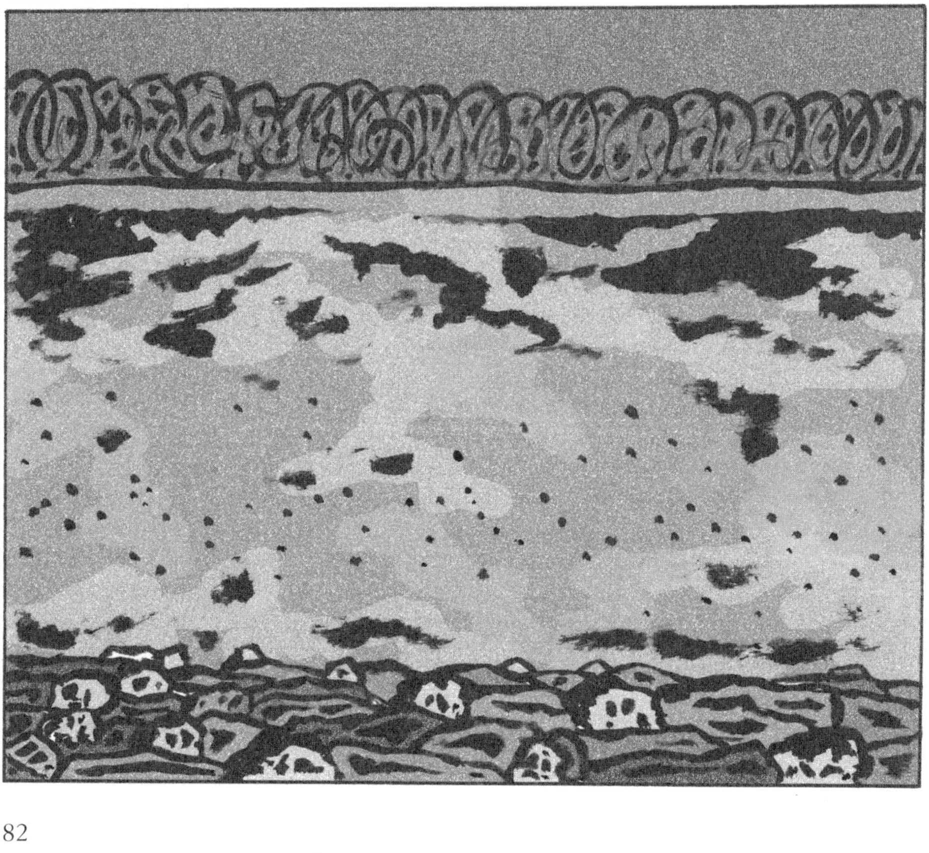

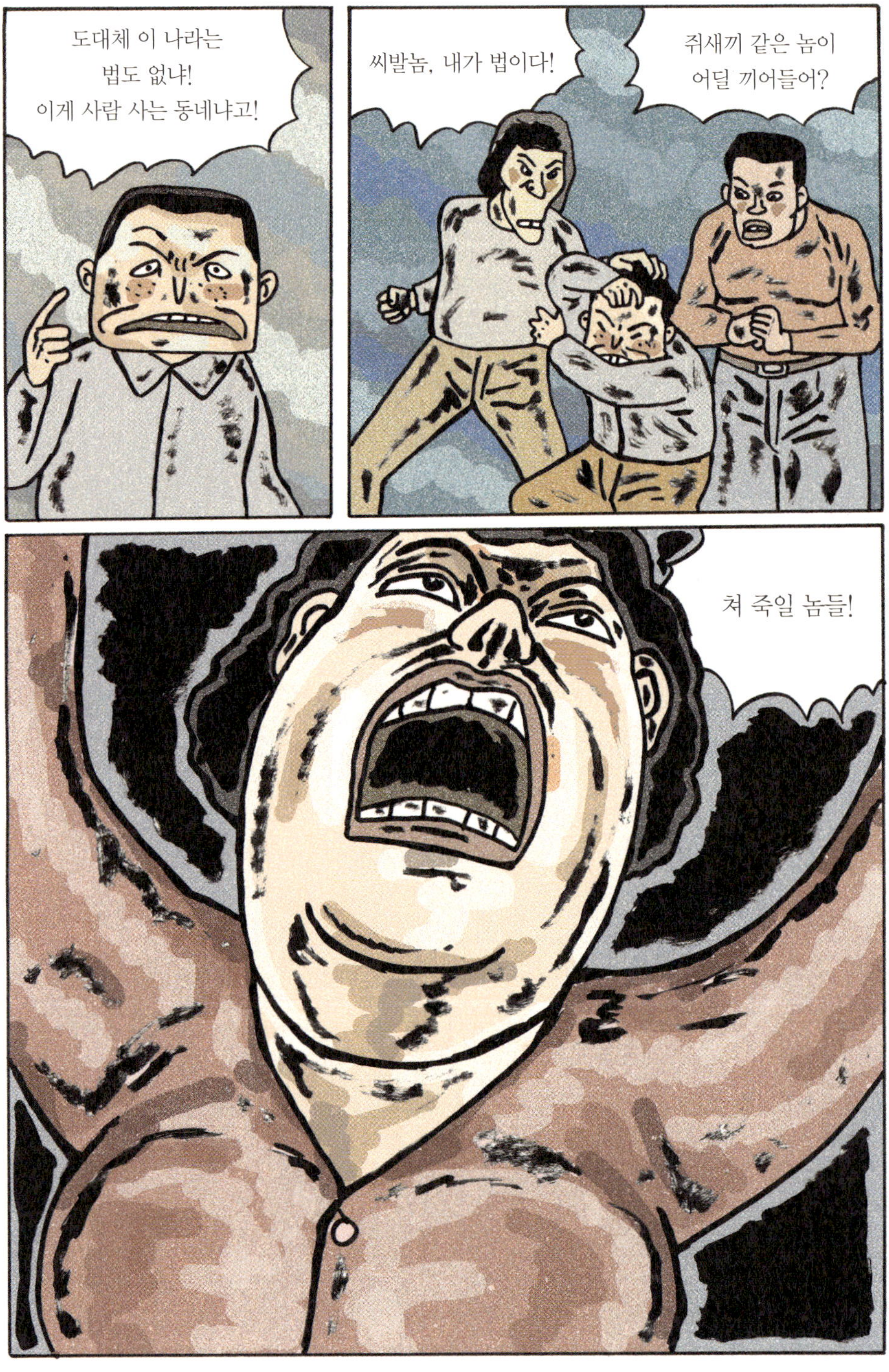

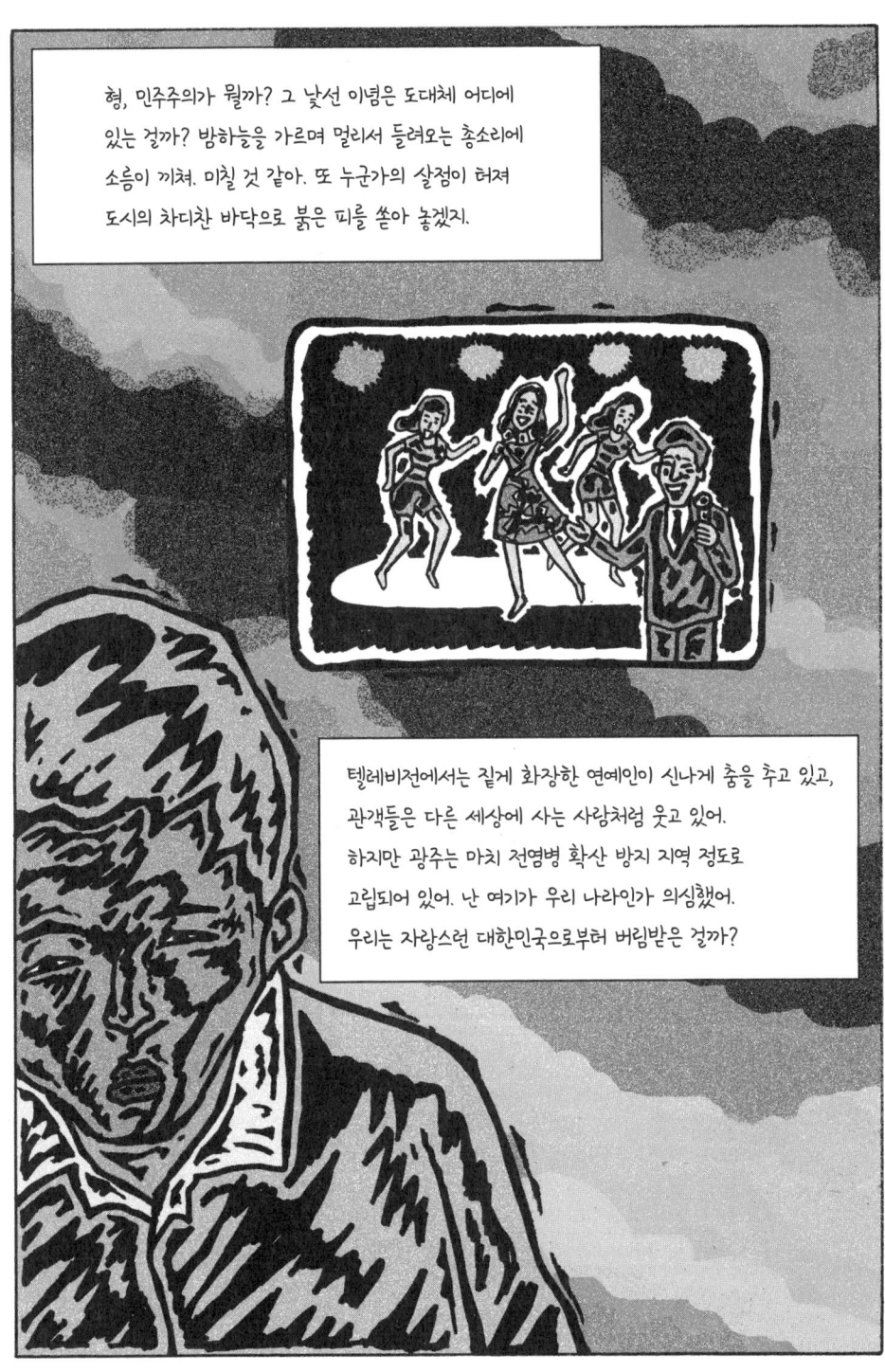

먼 옛날 옛적에 하늘과 땅이 갈라지면서 지상의 사람들은 나라를 세웠어. 그리고 너 나 할 것 없이 모두가 열심히 일을 해서 풍요의 기쁨을 얻었지.

모두들 그 풍요가 자손만대 이어질 거라고 단단히 믿었어.

나라를 이끌던 왕도 검소하고 성실하여 백성들의 존경을 받았으니 그야말로 축복 받은 땅이었지.

그곳에는 죽어 있는 고목이 있었던 게야.
쇠뚝이는 망설이지 않고 나무를 뿌리째 뽑아 버렸어.

그런데 나무가 뽑힌 자리에서
피 같은 붉은 물이 솟구쳐 오르는 거야.
마치 굵은 피가 터져 나오듯이 말이야.

붉은 물은 한나절을 뿜어내더니만
이번에는 푸른빛의 맑은 물이
솟아올랐지. 쇠뚝이가 이 물에
온몸을 적시자 기적 같은 일이
벌어졌어.

쇠뚝이는 칼을 번쩍 뽑아 들고
악귀의 목을 내려치려고 구름 위로 뛰어올랐지.

하지만 악귀의 발톱에 할퀸 쇠뚝이는
십 리 밖으로 나가떨어졌어.

악귀는 쇠뚝이를 삼키려 달려들었고,
겨우 정신을 차린 쇠뚝이는
하늘과 땅의 기를 모아
악귀에게 대들었지.

으! 더 이상 견딜 수가 없어.

쇠뚝이는 마지막 힘을 모아 악귀의 비늘이 떨어진 맨살에 칼을 힘껏 꽂았지.

숨통을 찔린 악귀는 괴성을 지르며 땅으로 떨어졌어.

악귀는 땅에 떨어져 스스로 불에 타 흔적도 없이 사라졌지.

그리고 악귀가 떨어진 자리는 깊게 파여 큰 강을 이루었는데 그 강은 수천 년이 지나도 한 번도 마른 적이 없다는 거야.

쇠뚝이는 자기 몸을 더럽히지 않기 위해서
스스로 바닷물로 뛰어들었어.

이렇게 하여 쇠뚝이는 깊은 한을 안은 채
깊은 바닷속으로 잠기게 된 거야.
이것이 저 돌산의 전설이지.

새 시대를 맞이하여 정의 실현을 위해 여러분의 머슴이 되겠습니다.

삼내면의 일꾼 김용배 정화위원장취임

열심히 일하겠습니다.

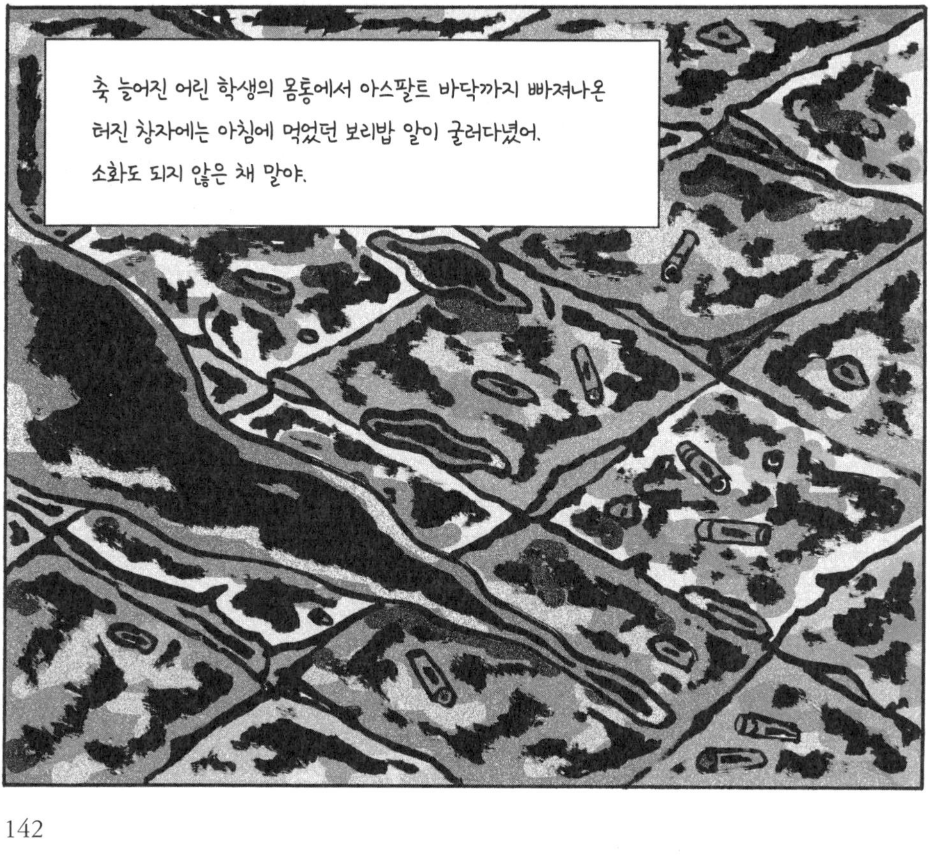

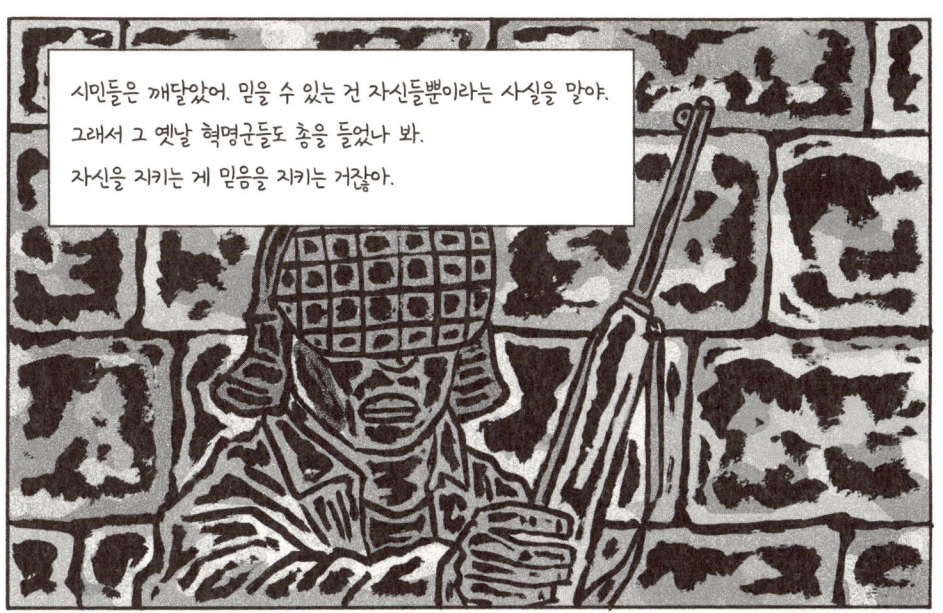

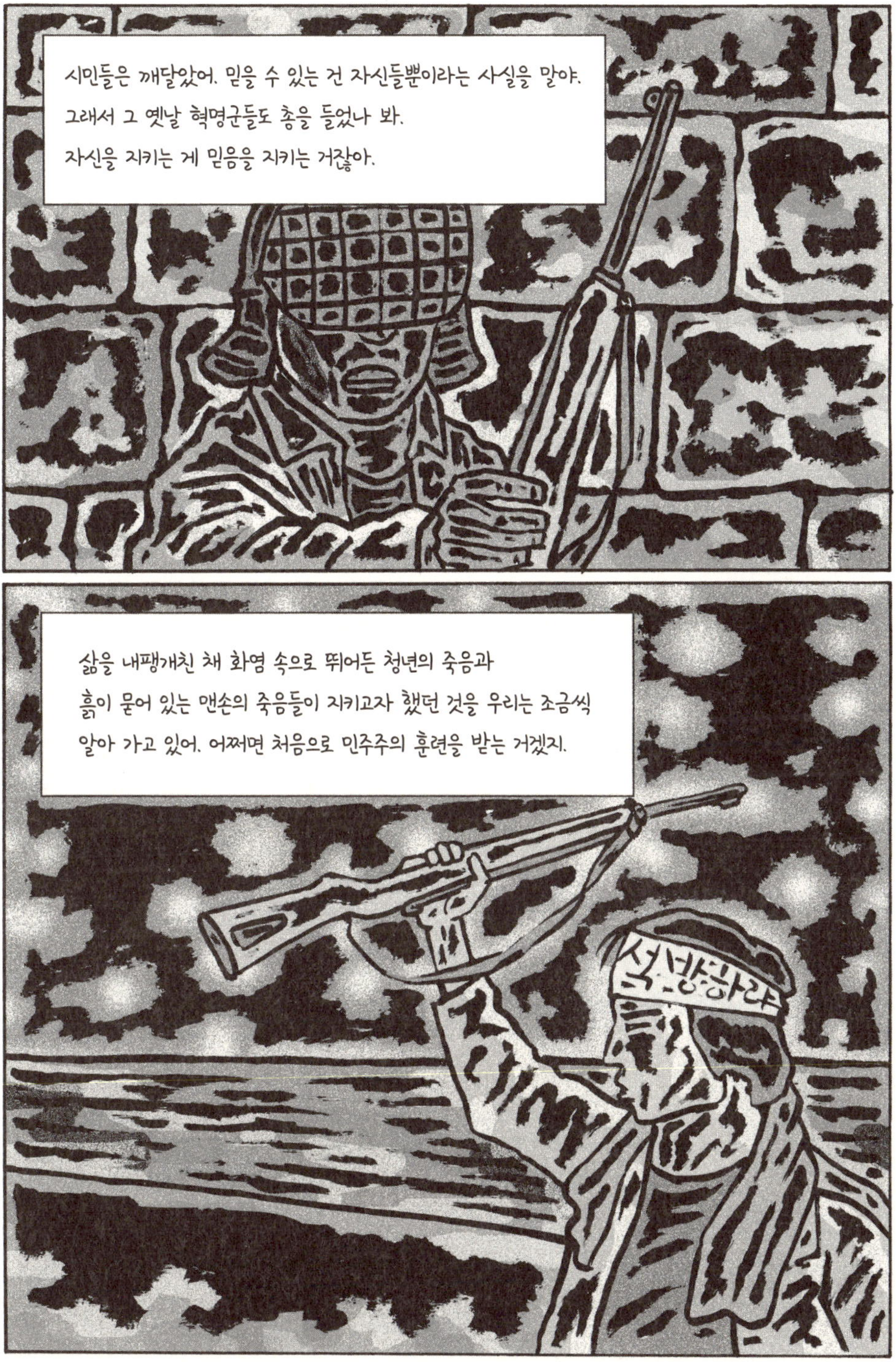

못생긴 김밥 한 덩어리가 시민군의 허기를 달래 주고 있어.
이 김밥은 길거리의 아주머니가 급하게 만들어 온 우리 식량이야.
우리는 인사 대신 충혈된 눈을 서로 마주 보았어.

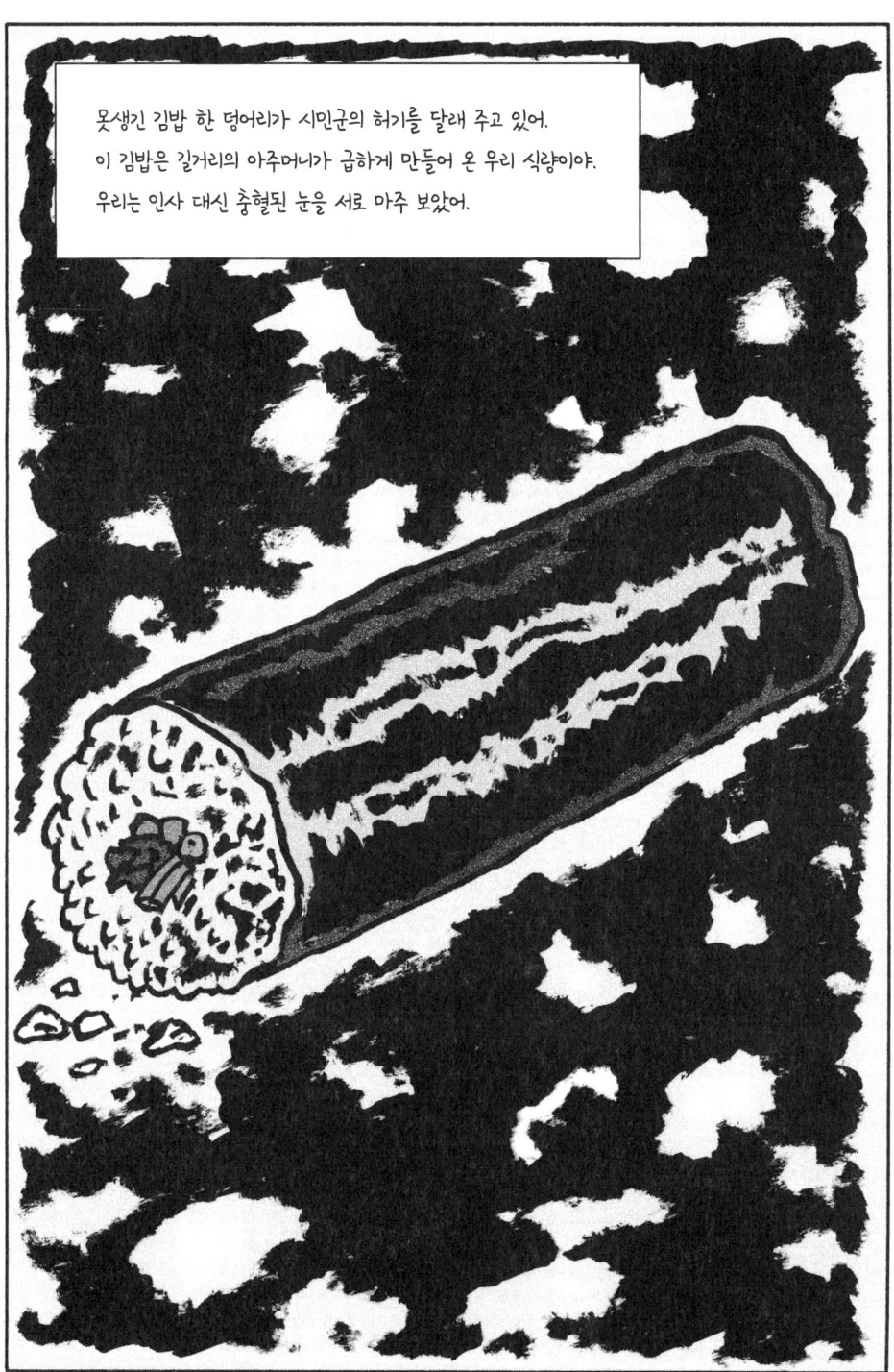

형, 그래서 혁명가들은 고독했지만 외롭지는 않았던 것 같아.
이만하면 멋진 삶이 아닐까.

형, 지금도 외곽에서는 밤하늘을 가르는 총소리와
화약 터지는 불빛이 도시의 모습을 언뜻언뜻 보여 주고 있어.
여전히 삶과 죽음이 영사기에서 풀린 필름처럼 돌고 있는 거지.

여기는 일천구백팔십 년 오 월 이십오 일
역사의 시간이 멈춰진 광주.

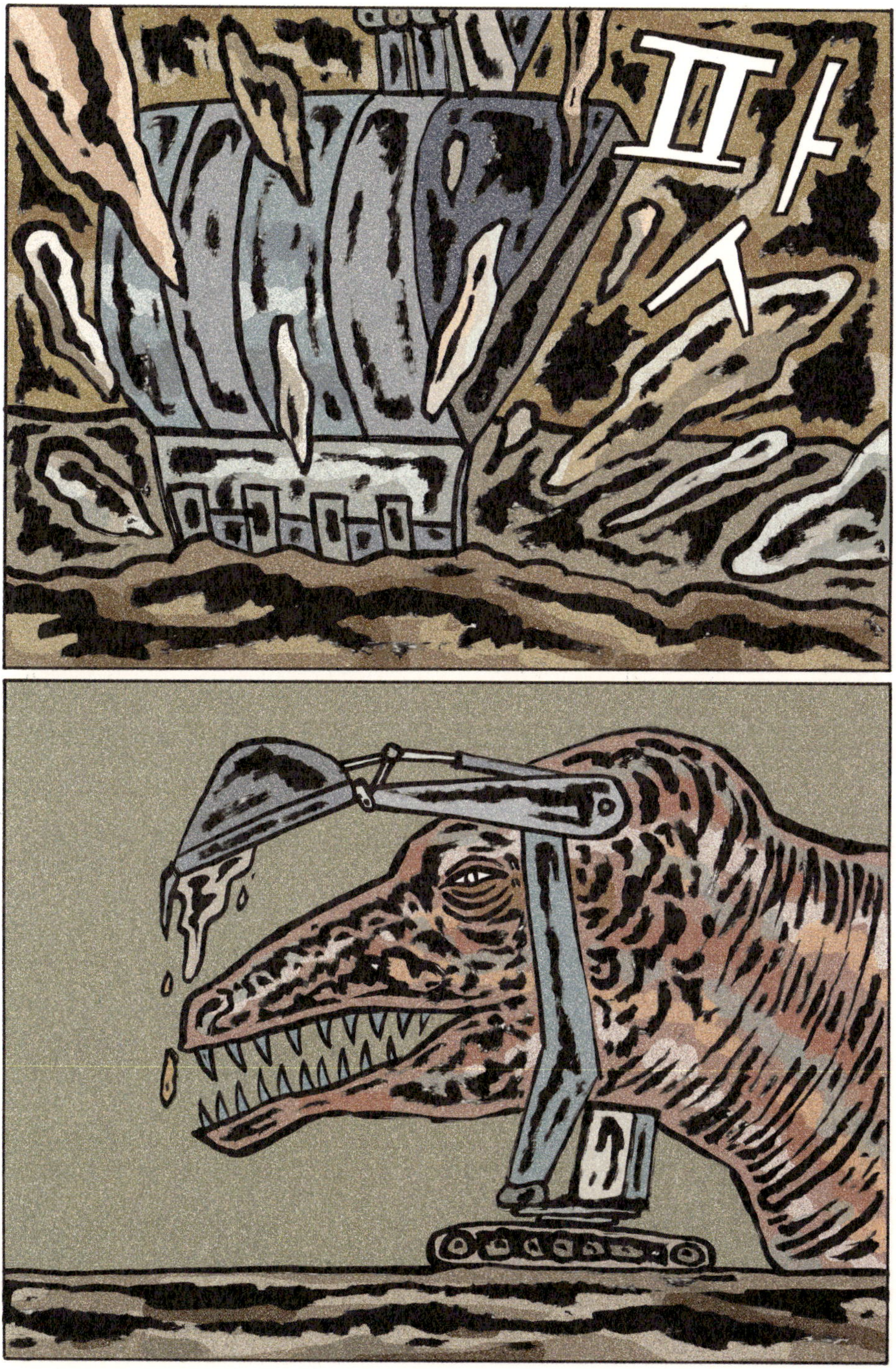
팟

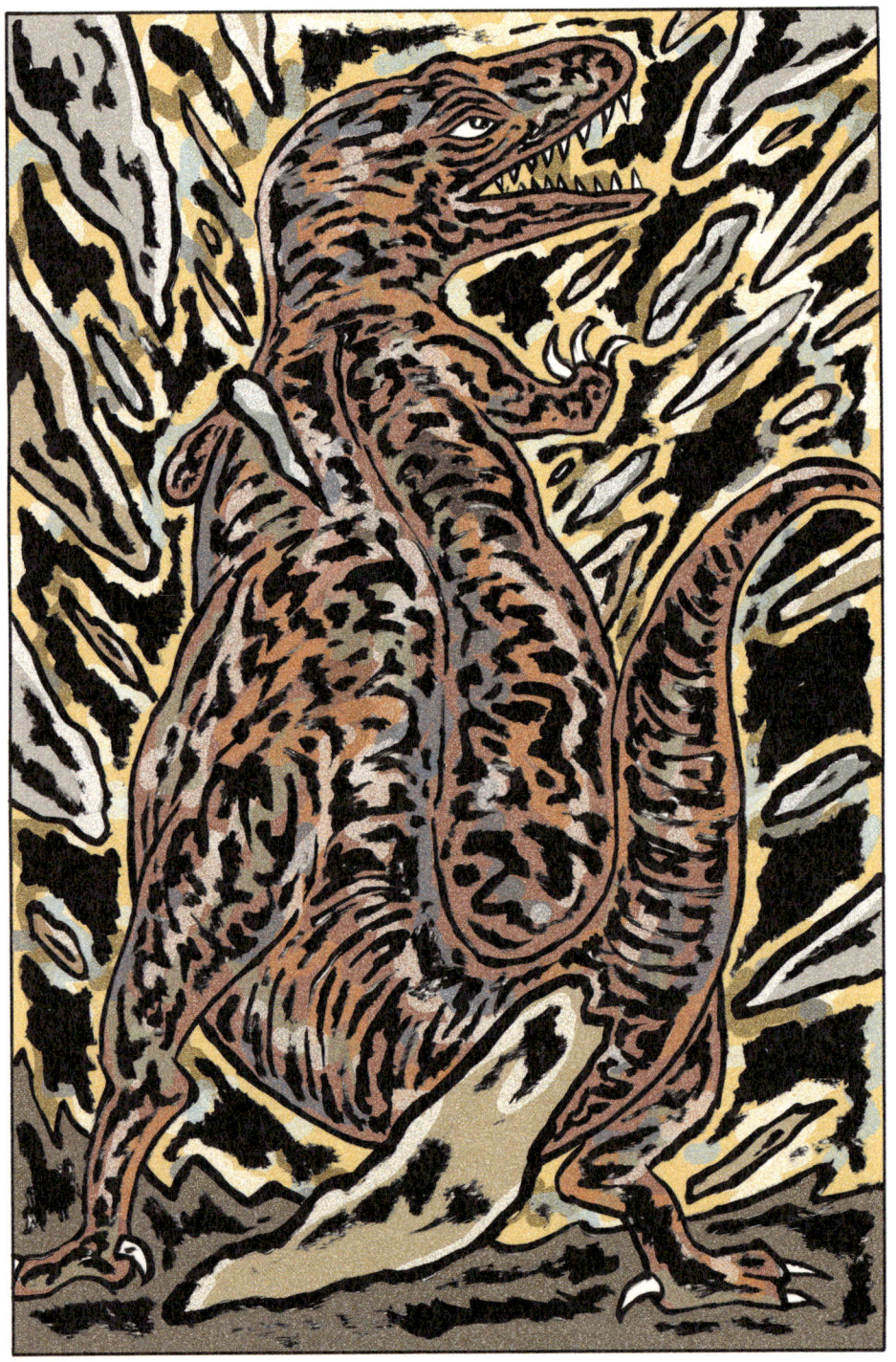

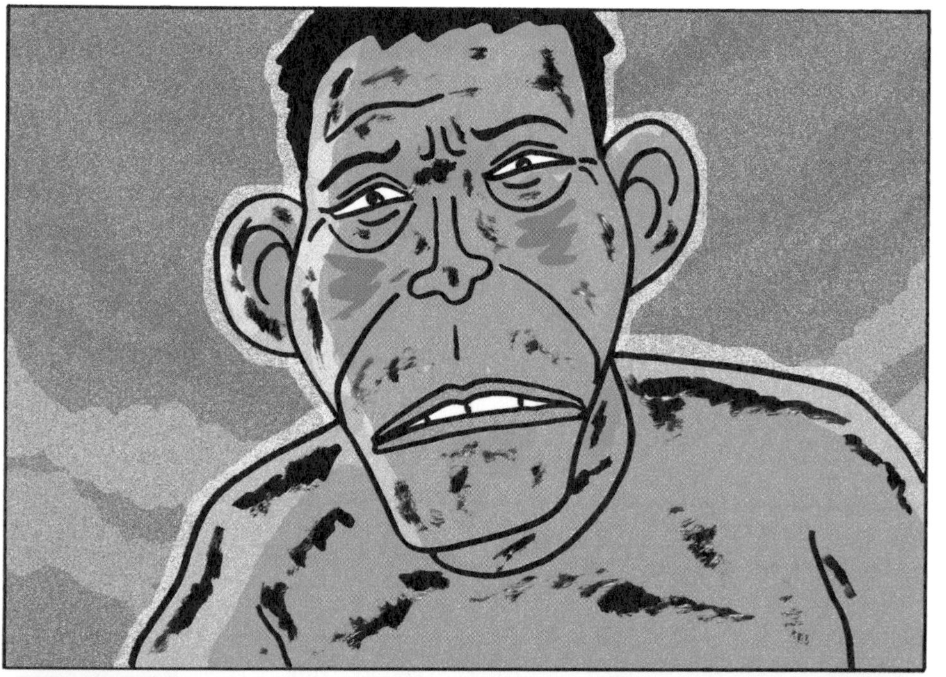

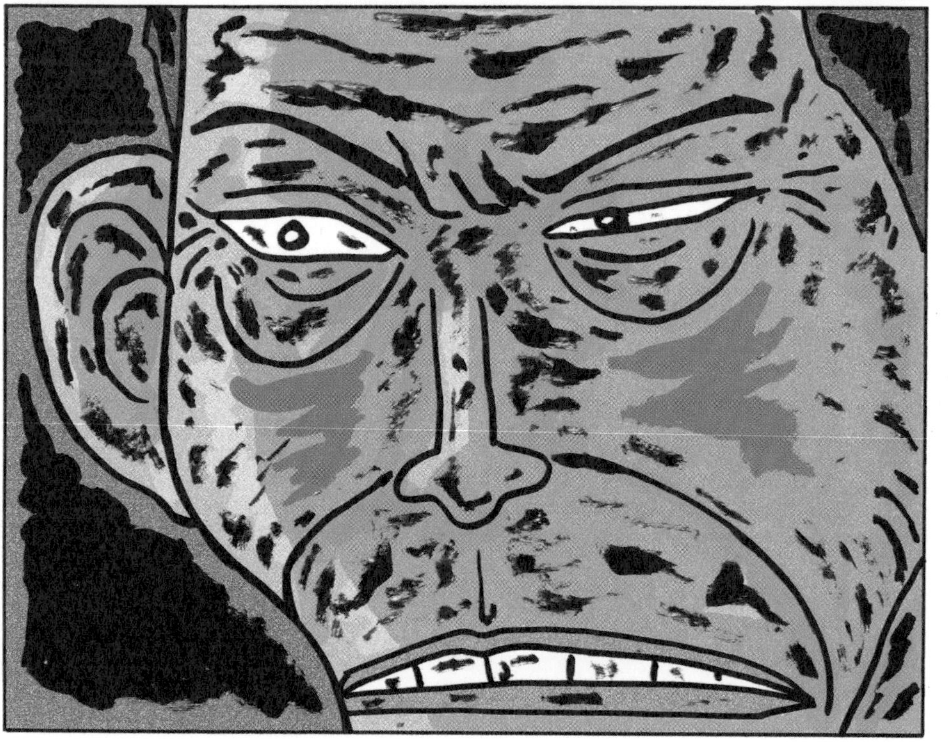

당신들 왜 그래?
뭐 잘못 먹었어!

우리는 배알도 없는 줄 아슈.

언제까지 우리들 뒤통수나 치면서 살 거요.

지렁이도 밟으면 꿈틀거리는 법이여.

누구 허락 받고 돌산을 깎는 거요? 우리도 알고 지냅시다.

형, 지금은 한밤중이야. 어쩌면 오늘 밤이 내 인생의
마지막 날이 될지도 몰라. 끝까지 항쟁하겠다며
도청에 남아 있는 사람들도 같은 생각일 거야.
곧 공수부대가 쳐들어 올 거라는 예감 때문이지.

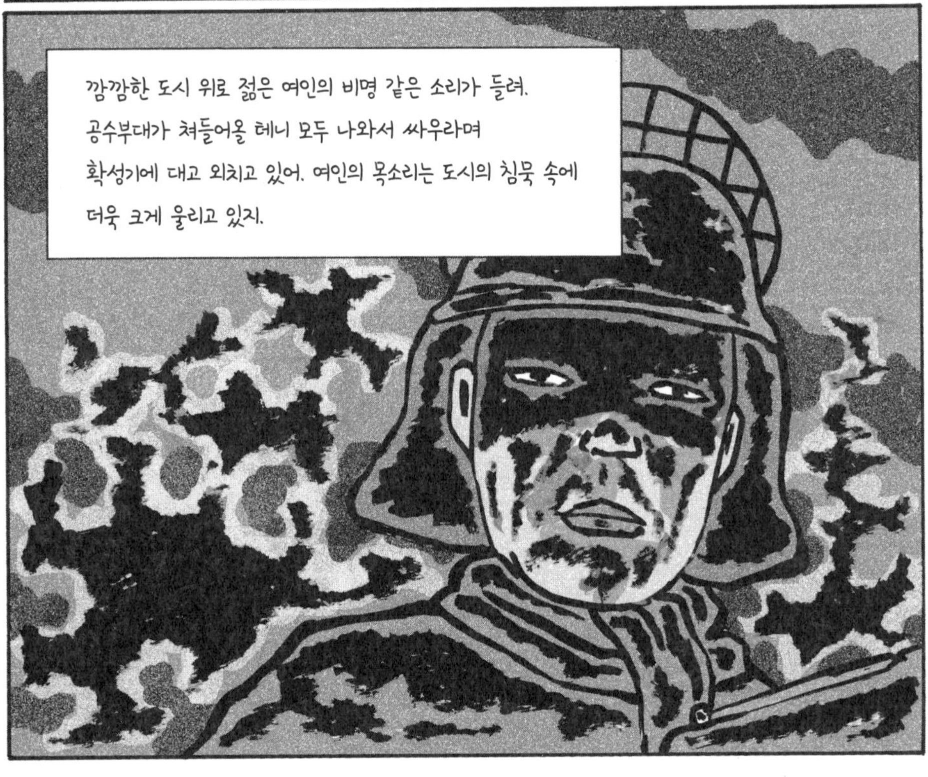

깜깜한 도시 위로 젊은 여인의 비명 같은 소리가 들려.
공수부대가 쳐들어올 테니 모두 나와서 싸우라며
확성기에 대고 외치고 있어. 여인의 목소리는 도시의 침묵 속에
더욱 크게 울리고 있지.

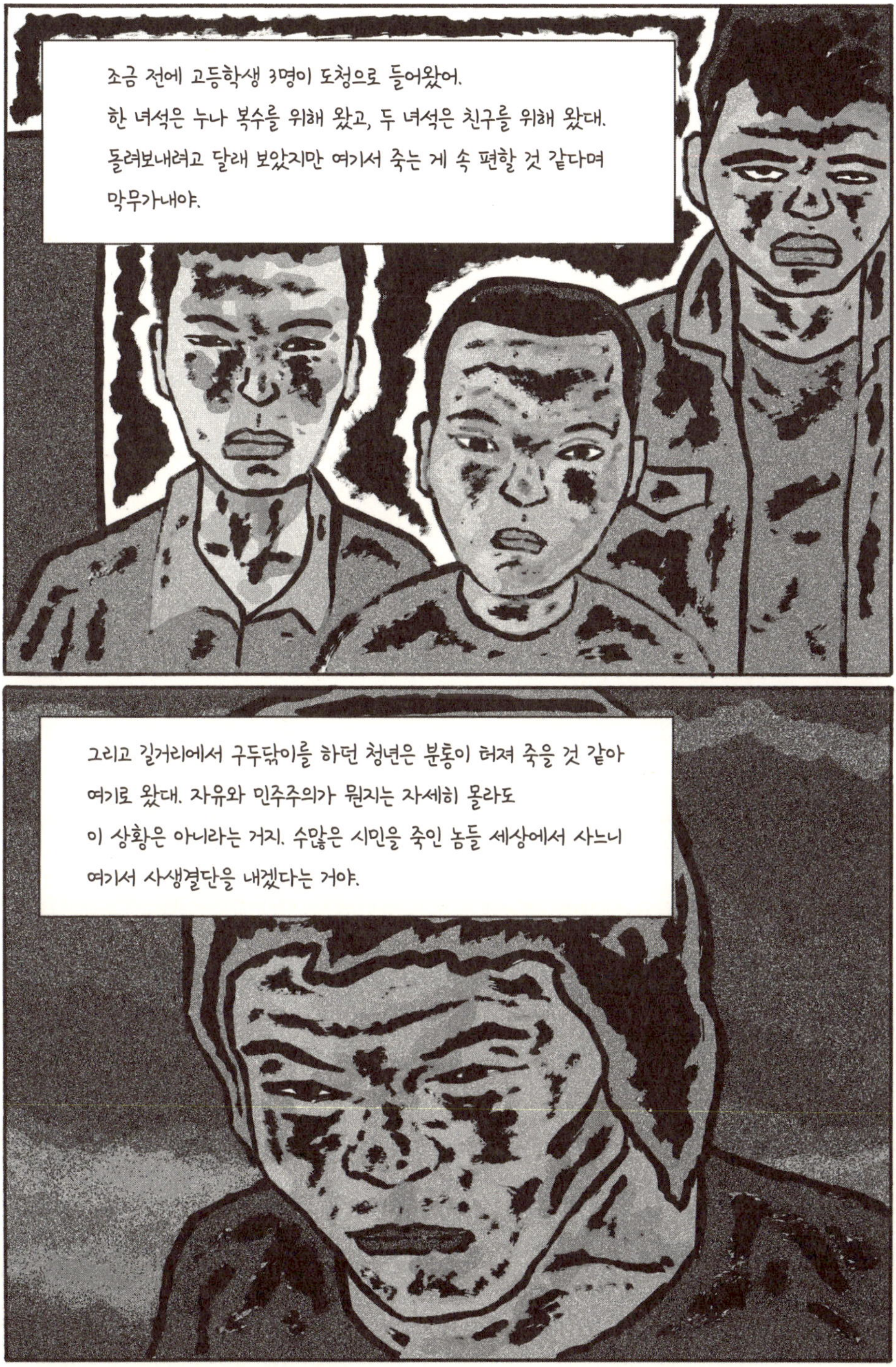

조금 전에 고등학생 3명이 도청으로 들어왔어.
한 녀석은 누나 복수를 위해 왔고, 두 녀석은 친구를 위해 왔대.
돌려보내려고 달래 보았지만 여기서 죽는 게 속 편할 것 같다며
막무가내야.

그리고 길거리에서 구두닦이를 하던 청년은 분통이 터져 죽을 것 같아
여기로 왔대. 자유와 민주주의가 뭔지는 자세히 몰라도
이 상황은 아니라는 거지. 수많은 시민을 죽인 놈들 세상에서 사느니
여기서 사생결단을 내겠다는 거야.

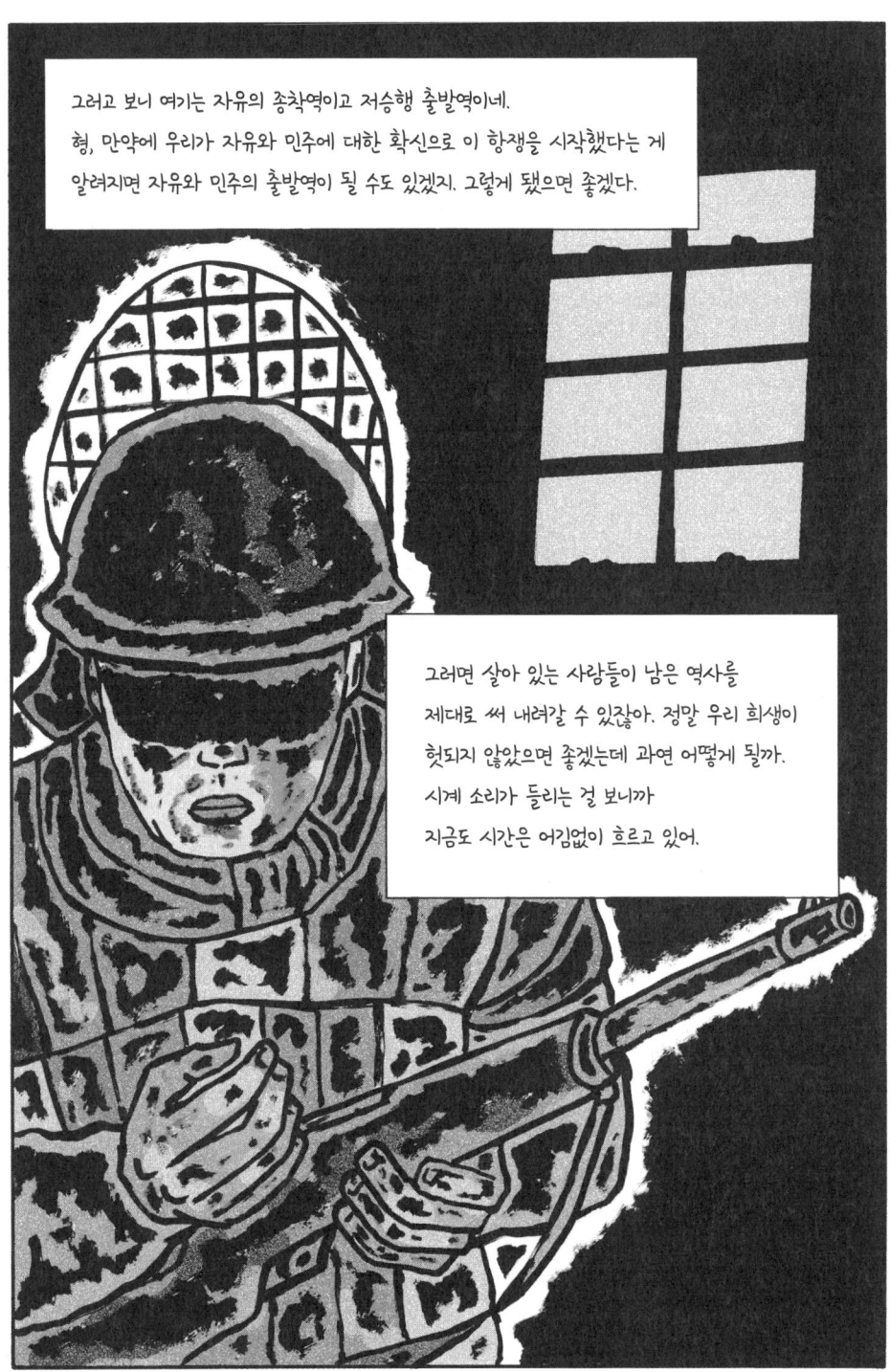

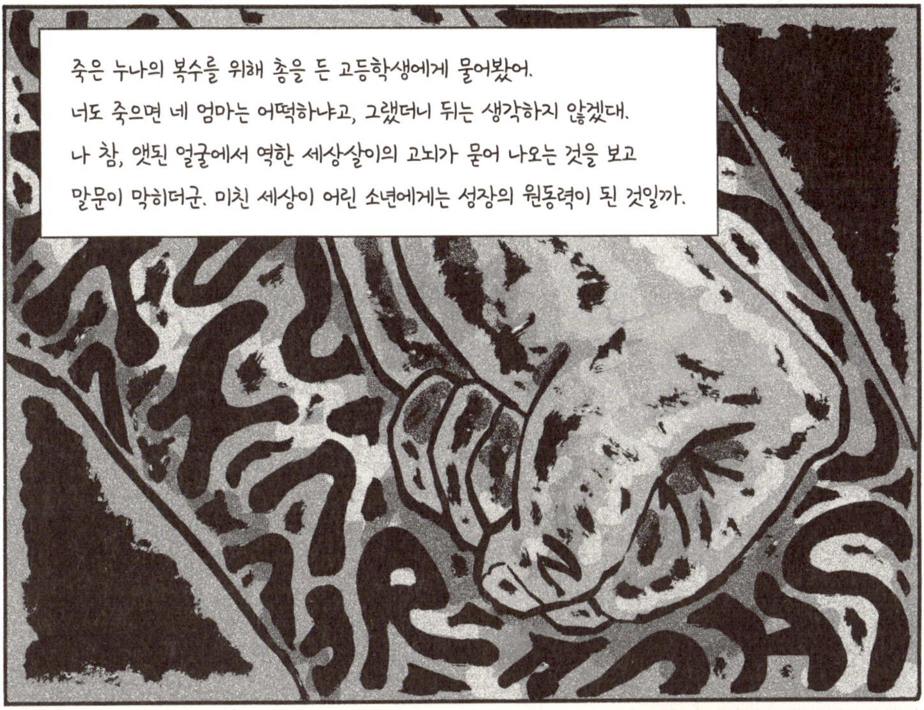

죽은 누나의 복수를 위해 총을 든 고등학생에게 물어봤어.
너도 죽으면 네 엄마는 어떡하냐고, 그랬더니 뒤는 생각하지 않겠대.
나 참, 앳된 얼굴에서 역한 세상살이의 고뇌가 묻어 나오는 것을 보고
말문이 막히더군. 미친 세상이 어린 소년에게는 성장의 원동력이 된 것일까.

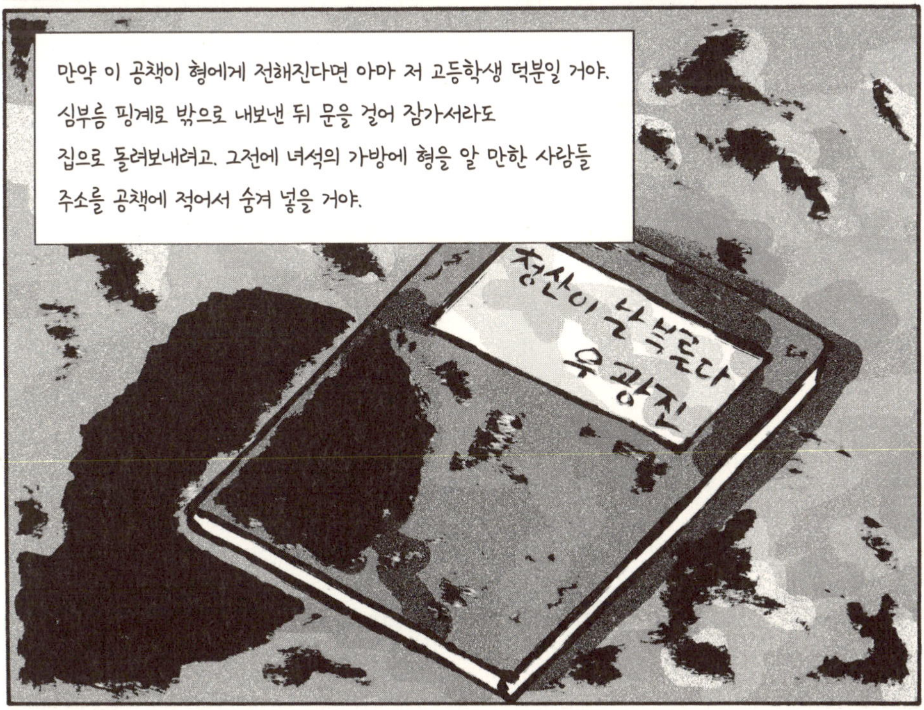

만약 이 공책이 형에게 전해진다면 아마 저 고등학생 덕분일 거야.
심부름 핑계로 밖으로 내보낸 뒤 문을 걸어 잠가서라도
집으로 돌려보내려고. 그전에 녀석의 가방에 형을 알 만한 사람들
주소를 공책에 적어서 숨겨 넣을 거야.

청산이 날 부르다
유광진

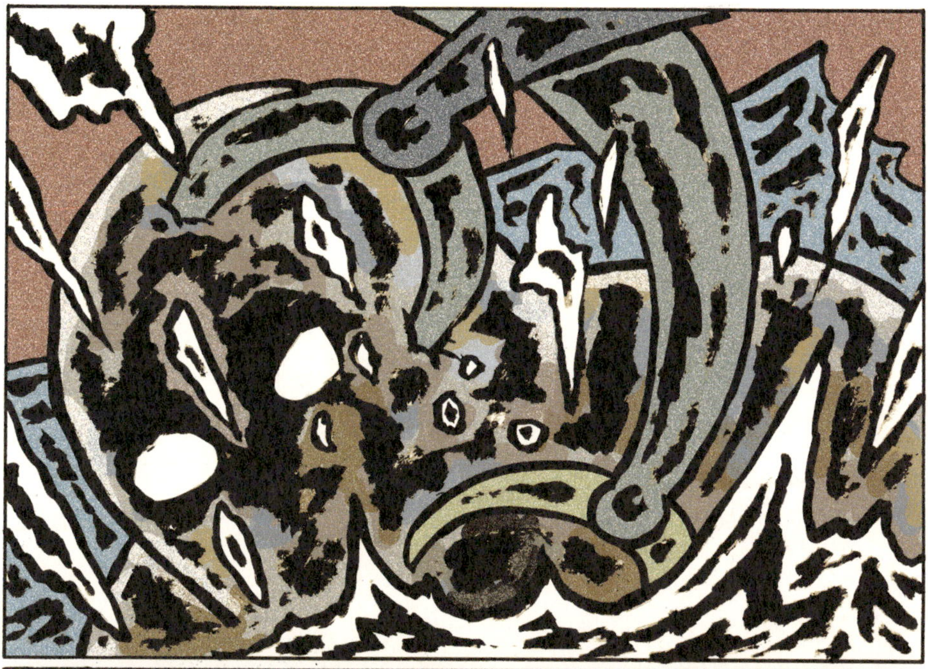

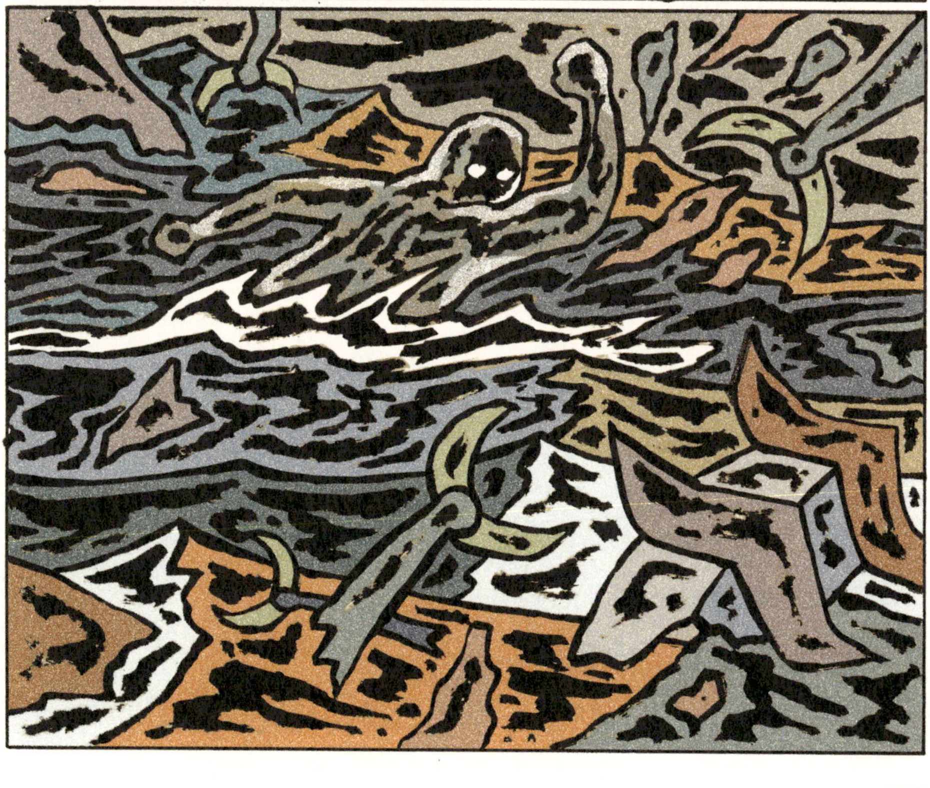

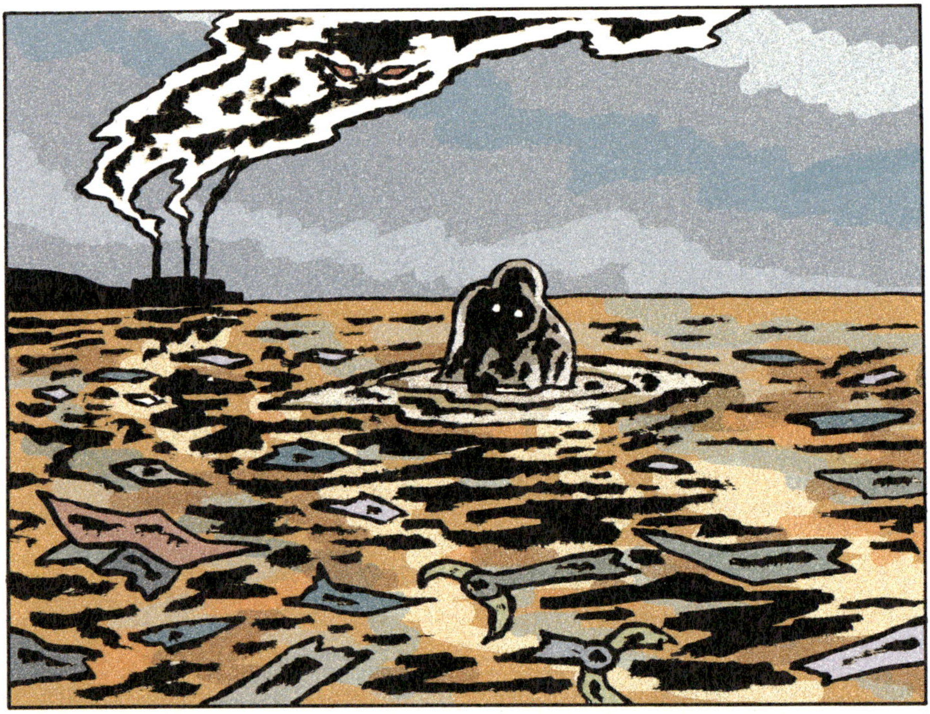

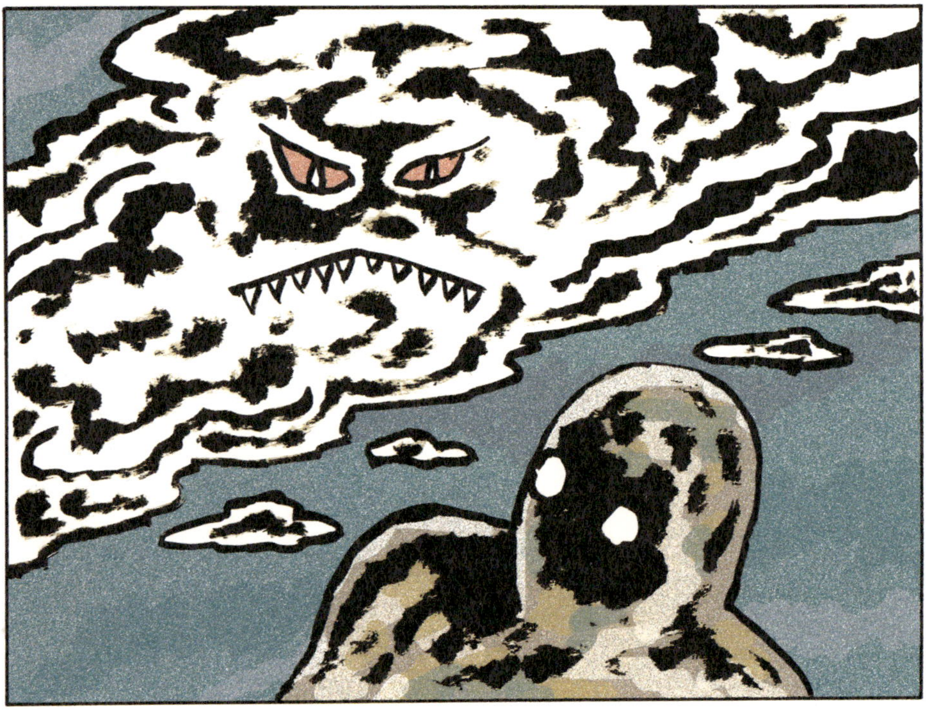

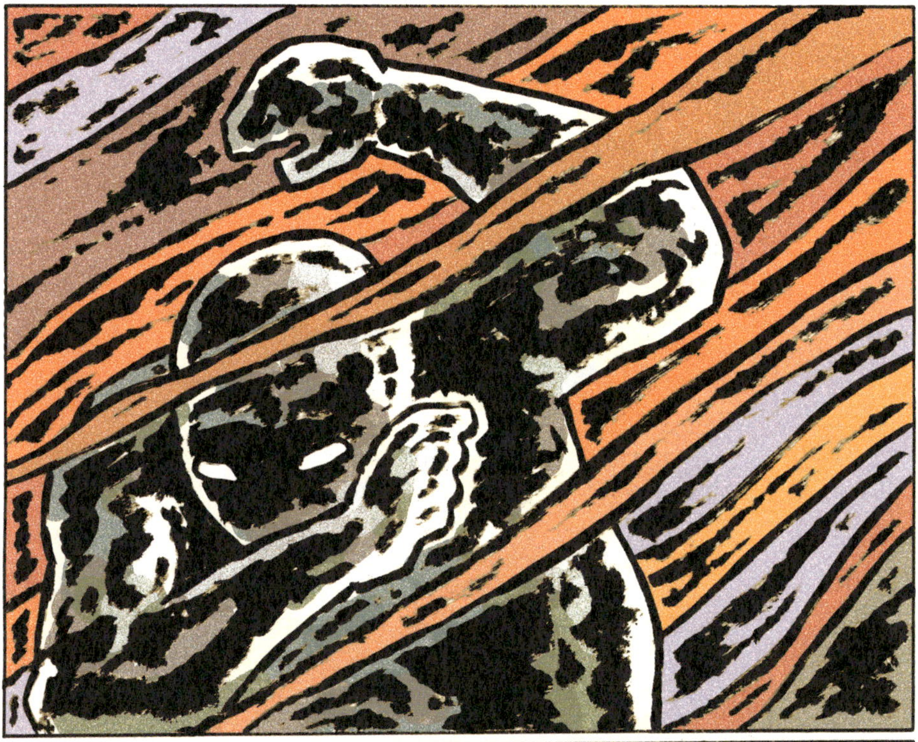

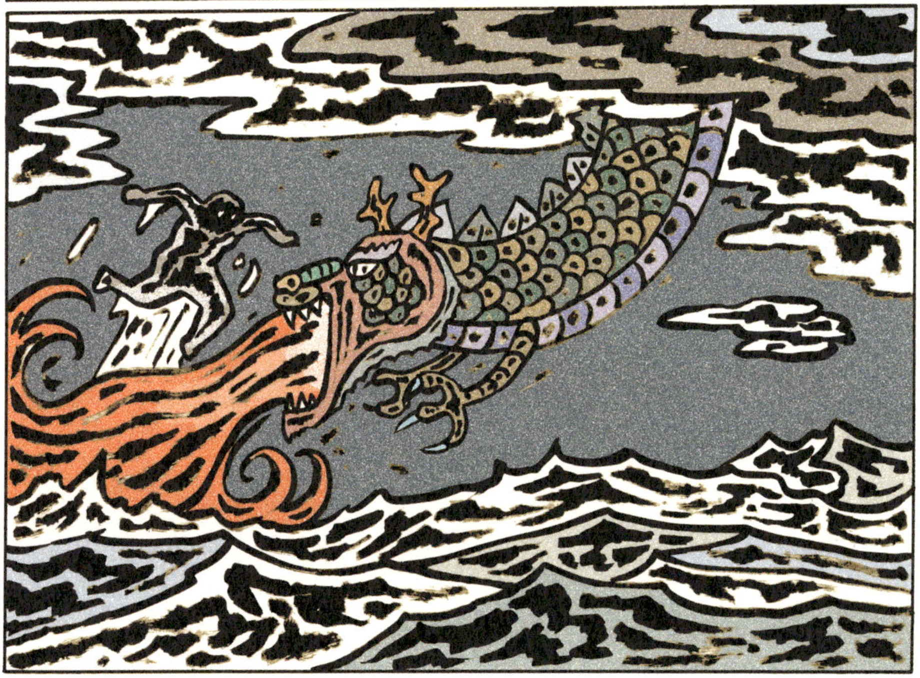

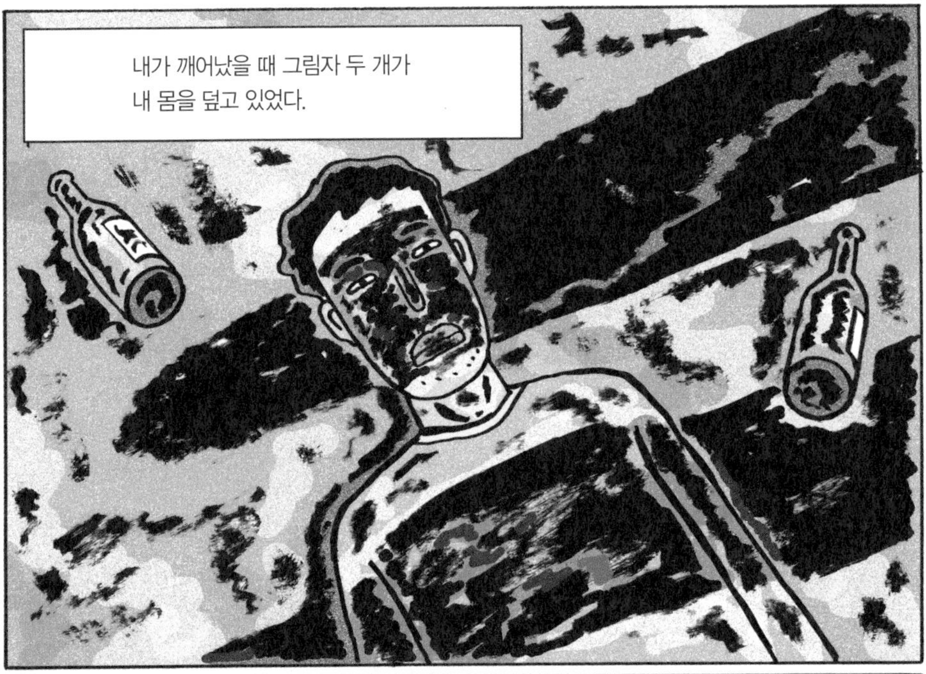

내가 깨어났을 때 그림자 두 개가
내 몸을 덮고 있었다.

오늘 밤도 창작이라는 볼모에 잡혀
내가 있던 자리를 떠나지 못하고 돌아온다.

언젠가 좋은 세상이 오면 1980년 5월에 광주에서 죽은 광진이 얘기를 소설로 쓰겠다고 했지만 감히 엄두가 나질 않아 항상 마음속 빚으로 남아 있다.

취했을 때만 펼쳐 보는 광진이의 일기장이지만 읽을 때마다 새롭다.

마치 잘 쓰인 사회과학 입문서 같다.

폭력과 대항 그리고 자유와 희생……. 이런 것들이 새롭게 해석된다.

그런데 일기 맨 마지막 쪽은 찢겨져 있다.
무슨 까닭인지는 모르겠지만 급하게 찢은 흔적이 남아 있다.

1980년 5월 광주

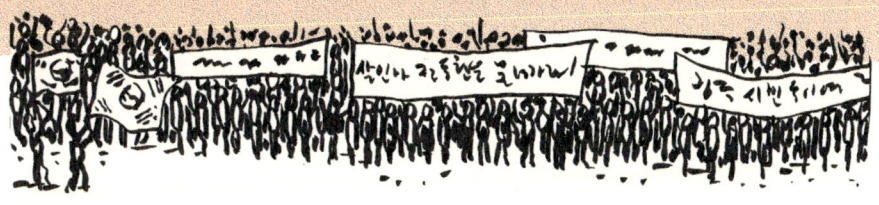

5월 17일
밤 24시부터 온 나라에 확대 비상계엄이 선포되고 계엄사령부는 재야 정치인과
민주 인사 그리고 학생운동 지도부, 노동조합 지도부, 종교계 지도부 들을 잡아들이기 시작했다.

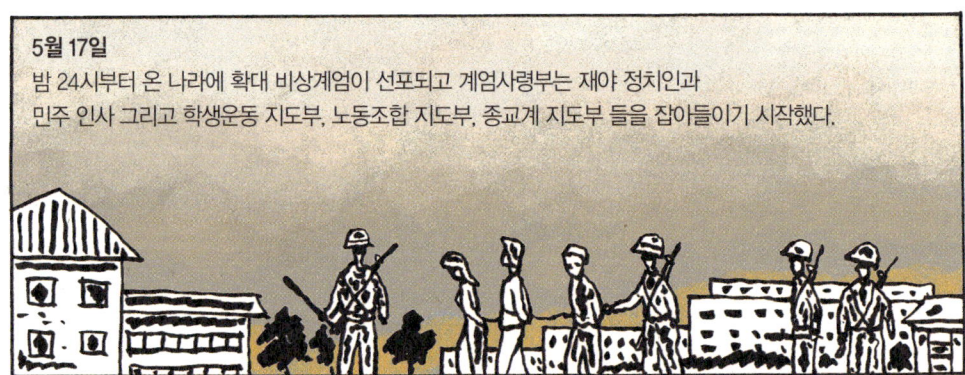

5월 18일
1시 40분쯤 공수부대가 전남대학교와 광주교육대학교에 들이닥쳤고
군인들은 철야 농성 중인 학생들을 급습하여 67명을 체포하였다.

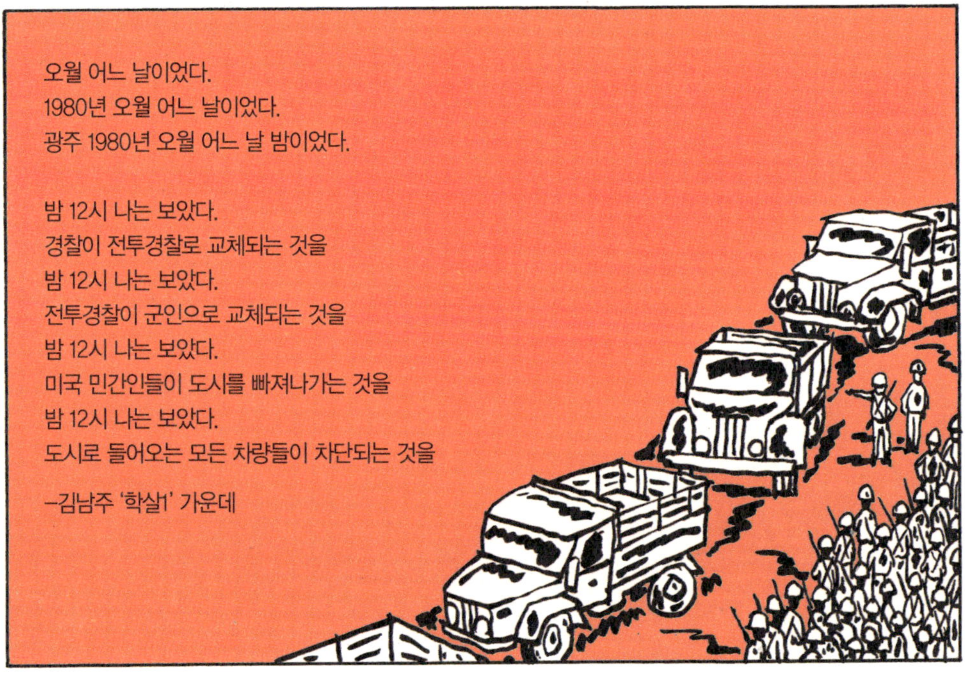

오월 어느 날이었다.
1980년 오월 어느 날이었다.
광주 1980년 오월 어느 날 밤이었다.

밤 12시 나는 보았다.
경찰이 전투경찰로 교체되는 것을
밤 12시 나는 보았다.
전투경찰이 군인으로 교체되는 것을
밤 12시 나는 보았다.
미국 민간인들이 도시를 빠져나가는 것을
밤 12시 나는 보았다.
도시로 들어오는 모든 차량들이 차단되는 것을

-김남주 '학살1' 가운데

제7공수여단 군인들이 광주에 투입되면서 붙여진 작전명령은 '충정 훈련', 암호명은 '화려한 휴가'였다.

5월 18일
어둠이 걷히면서 거리와 관공서는 경찰, 전투경찰, 군인, 공수부대원 들이 지키고 있었다.

휴교령이 떨어진 학교 교문 앞에 모인 학생들은 공수부대원이 휘두르는 진압봉에 맞아 쓰러져 갔다.

학생들은 경찰의 강력한 진압에도 오후 2시쯤 광주 시내로 다시 모여들기 시작했다.

5월 18일
오후 3시, 이때부터 공수부대가 투입되었다.

공수부대원들은 학생처럼 보이는 청년들은 무조건 쫓아가 진압봉으로 때리고 발길질했다.

도망치다 붙잡힌 학생을 감싸려던 노인은 피를 뿜으며 쓰러졌다.

사람들은 죽었는지 살았는지 모를 정도로 축 늘어진 청년들이 군용 차량에 내던져지는 것을 보며 경악을 했다.

그날 밤 광주는 계엄령이 내려져 통금 시간이 9시로 앞당겨졌다.

시내 곳곳에서 비명 소리와 욕지거리가 끊이지 않았고

공수부대의 만행을 알리는 시민들의 분노는 전화선을 타고 퍼져 갔다.

5월 19일
아침, 시민들은 전날 있었던 공수부대의 끔찍한 살인 행위에 분노하였고,
3~4천 명이 광주 금남로로 모여들었다.

모여든 사람들은 일반 시민과 학생이었다.

11시 10분쯤 군용 트럭 30여 대에 나누어 탄 공수부대가 도청 앞으로 진출하면서
시민들을 포위한 뒤 공격했다. 마치 전쟁에서 적을 대하듯 진압 작전을 펼친 것이다.

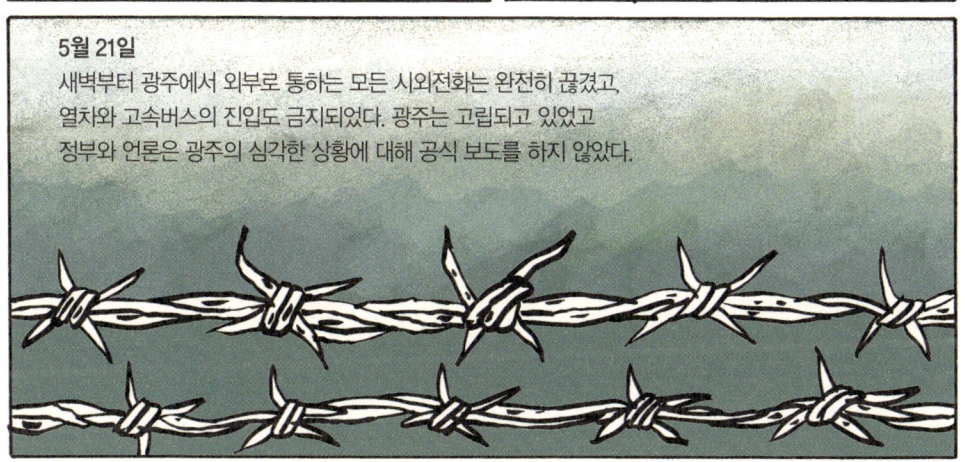

오후 1시부터 10여 분 동안 공수부대의 집단 발포로 전남도청 앞과 금남로 현장에서 사망한 사람은 54명, 부상자는 5백여 명에 이른 것으로 추정된다.

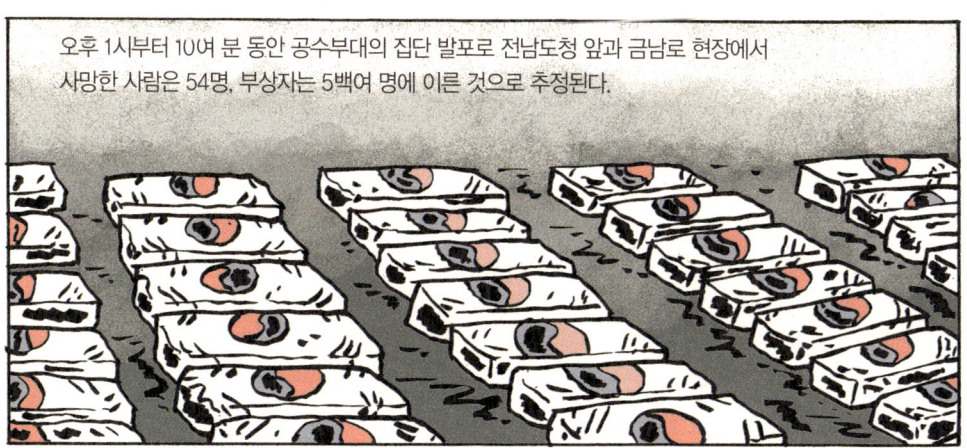

광주 시내 모든 병원은 총상 부상자들로 가득 메워졌다.

도청 앞 집단 발포 직후 광주 시민들은 살기 위해, 더 이상의 희생을 막기 위해 무장을 해야겠다고 느꼈다.

우리에게 총을 달라!

각지에서 무기를 실은 차량이 광주로 들어와 시민들에게 무기를 나누어 주었다.
이 무장 시위대를 광주 시민들은 시민군이라고 불렀다.

오후 3시 30분 무렵부터 시민군과 공수부대 사이에 총격전이 벌어졌다. 그리고 저녁 8시쯤 공수부대를 광주에서 몰아냈다.

5월 22일
아침 일찍부터 시민들은 금남로로 모여들었고 폐허가 된 거리를 스스로 정리하기 시작했다. 주부들은 김밥을 만들어 시민군에게 제공했다.

그러나 신문과 방송에서는 광주 시민들을 폭도로, 항쟁을 폭동으로, 간첩과 불순분자에 의한 책동으로 몰아붙였다.

지금 광주는 폭도들이…….

시민들은 수습대책위원회를 만들어 계엄군과 협상을 벌였으나 신군부는 그 순간에도 광주를 무력으로 휩쓸어 버릴 준비를 하고 있었다.

지금의 광주사태는 고정간첩과 깡패, 불순분자, 김대중 잔당들이 조직적이고 계획적으로 지역감정을 자극하는 유언비어를 유포하고 선량한 시민들을 선동해서 일으킨 폭력난동이다.

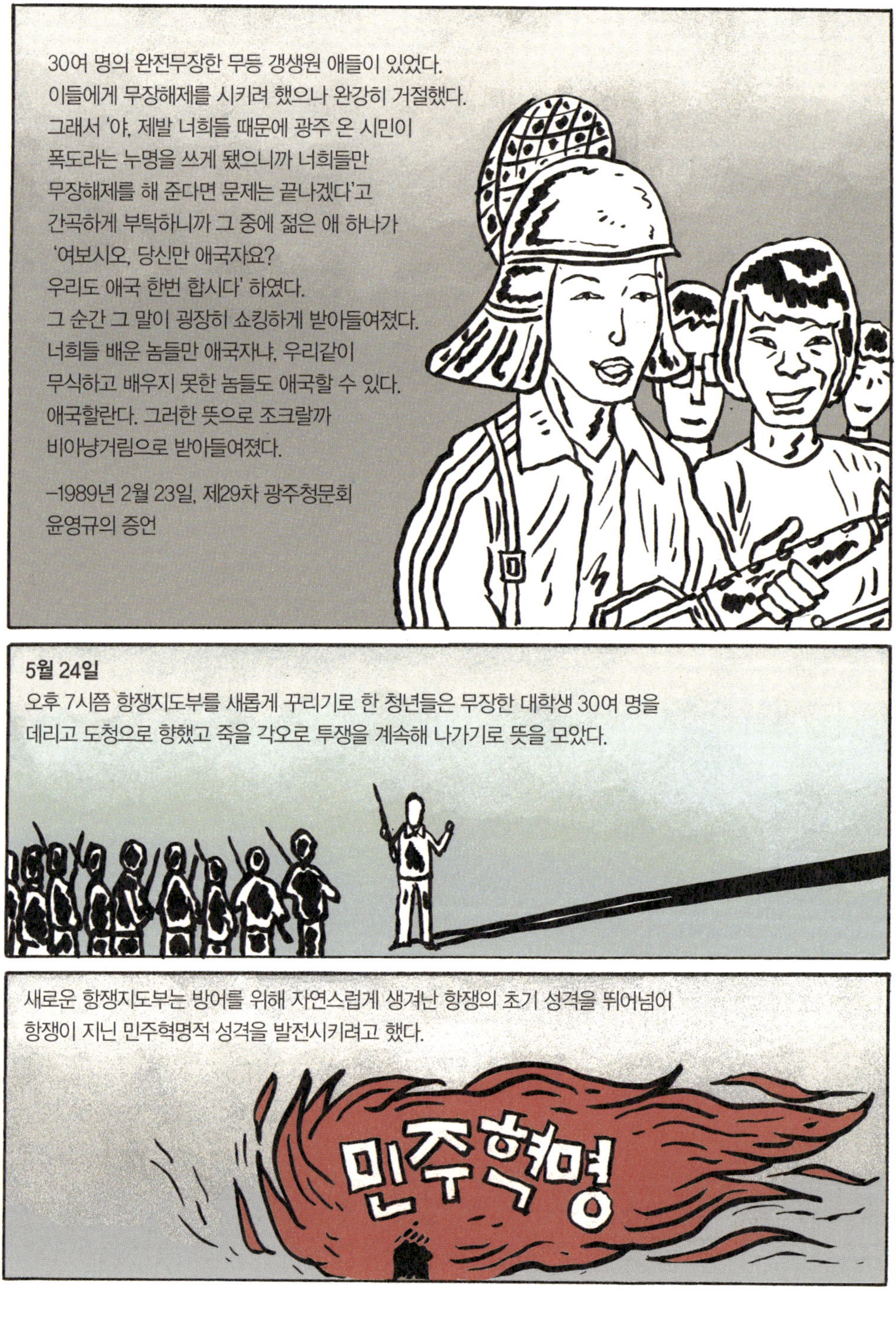

30여 명의 완전무장한 무등 갱생원 애들이 있었다. 이들에게 무장해제를 시키려 했으나 완강히 거절했다. 그래서 '야, 제발 너희들 때문에 광주 온 시민이 폭도라는 누명을 쓰게 됐으니까 너희들만 무장해제를 해 준다면 문제는 끝나겠다'고 간곡하게 부탁하니까 그 중에 젊은 애 하나가 '여보시오, 당신만 애국자요? 우리도 애국 한번 합시다' 하였다. 그 순간 그 말이 굉장히 쇼킹하게 받아들여졌다. 너희들 배운 놈들만 애국자냐, 우리같이 무식하고 배우지 못한 놈들도 애국할 수 있다. 애국할란다. 그러한 뜻으로 조크랄까 비아냥거림으로 받아들여졌다.
-1989년 2월 23일, 제29차 광주청문회 윤영규의 증언

5월 24일
오후 7시쯤 항쟁지도부를 새롭게 꾸리기로 한 청년들은 무장한 대학생 30여 명을 데리고 도청으로 향했고 죽을 각오로 투쟁을 계속해 나가기로 뜻을 모았다.

새로운 항쟁지도부는 방어를 위해 자연스럽게 생겨난 항쟁의 초기 성격을 뛰어넘어 항쟁이 지닌 민주혁명적 성격을 발전시키려고 했다.

시민들 사이에서는 비장한 침묵이 감돌았다.
시민들은 자연스럽게 노래를 부르며 거리 행진을 했다. 이것은 민주주의 장례식과 같았다.

순간 공수부대의 사격이 시작되었다.

탕 탕 탕 탕 탕

이렇게 도청 함락 작전은 1시간 30분 만에 끝났다.

정부가 집계 발표(2001년 12월 18일)한 5·18민중항쟁 당시 사망자 수는 민간인 168명, 군인 23명, 경찰 4명 등 총 195명이었다. 그러나 총상, 칼에 의한 자상, 구타, 고문 같은 신체 피해를 입은 부상자는 4,782명이었고 행방불명된 사람을 포함하면 5·18민중항쟁의 희생자는 더 많다.

작가의 말

이 만화는 수배 중인 운동권 학생이 주인공이고,

도피 생활 중에 겪었던 일들이 주요 사건으로 이어진다.

나는 거대한 국가조직의 폭력 안에서 그 폭력에 길들여지거나,

스스로가 새로운 폭력의 가해자가 될 수 있는 현실을 보여 주고 싶었다.

그리고 신념을 위해 자신의 삶을 포기할 수밖에 없었던

1980년 광주항쟁 시민군의 모습을 통해

우리들이 폭력에 너무 익숙해져 더 이상

폭력을 느끼지 못하게 된 것은 아닌지 되돌아보고 싶었다.

1980년 5월에 한반도 남쪽에서 일어났던

광주민주화운동은 여전히 진행 중이다.

그때의 상처는 아직도 아물지 않았고,

인간다운 삶을 요구했던 함성들도 살아 있다.

변한 것은 사람들이 1980년 5월에 있었던 폭력을 잊었다는 것이다.

역사는 정의를 기준으로 발전해야 한다.

그러지 못하면 1980년 5월에 있었던 참혹한 학살은

다시금 일어날 것이다.

나는 이 만화를 그리면서 알 수 없는 답답함에 짓눌렸다.

아마 만화 속 주인공이 끝내 풀지 못한 숙제가

내 것인 양 고뇌했던 것 같다.

겨우 작업을 끝냈다.

창문을 여니 낯선 바람이 불어온다.

밤하늘에는 아직도 돌산이 군데군데 떠돌고 있다.

아직도 풀리지 않은 한들이 너무도 많다.

                                                          2016년 5월 탁영호

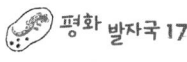 평화 발자국 17

도바리

2016년 5월 18일 1판 1쇄 펴냄

만화 탁영호
편집 김로미, 박세미, 유문숙, 이경희
디자인 이종희 | **제작** 심준엽
영업·홍보 백봉현, 안명선, 양병희, 이옥한, 정영지, 조병범, 조서연, 최민용
경영 지원 임혜정, 전범준, 한선희
인쇄 (주)로얄프로세스 | **제본** 과성제책

펴낸이 윤구병 | **펴낸곳** (주)도서출판 보리 | **출판 등록** 1991년 8월 6일 제9-279호
주소 (10881) 경기도 파주시 직지길 492 | **전화** 031-955-3535 | **전송** 031-950-9501
누리집 www.boribook.com | **전자우편** bori@boribook.com

ⓒ 탁영호, 2016

이 책의 내용을 쓰고자 할 때는, 저작권자와 출판사의 허락을 받아야 합니다.
잘못된 책은 바꾸어 드립니다. 책값은 뒤표지에 표시되어 있습니다.

보리는 나무 한 그루를 베어 낼 가치가 있는지 생각하며 책을 만듭니다.

ISBN 978-89-8428-929-1 07300

* 이 도서의 국립중앙도서관 출판시도서목록(CIP)은 서지정보유통지원시스템 홈페이지
(http://seoji.nl.go.kr)와 국가자료공동목록시스템(http://www.nl.go.kr/kolisnet)에서
이용하실 수 있습니다. (CIP제어번호: CIP2016011559)